日本語学講座

今野真二
Konno Shinji

第10巻

言語の揺れ

清文堂

言語の揺れ　**目次**

はじめに

「日本語学講座」と銘打ったシリーズの最終巻である本巻には、シリーズ全体の「まとめ」のような意味合いももたせたいと考える。「日本語学講座」という名称から通常期待される内容は、文法分野や語彙分野といった日本語学の諸分野に一巻ずつをあて、場合によっては、その一巻を分担執筆するというかたちであろう。それゆえ、すでに刊行されている巻から、このシリーズが「日本語講座」という名称によって括られていることに違和感のようなものを感じる方があってもそのこと自体は自然なことと考える。「日本語学講座」を少し緩やかにとらえ、日本語学に関わる言説を集めたシリーズ、ぐらいにとらえていただければさいわいだ。本講座のパンフレットにも書かせていただいたが、十巻を一人の人間が書いた、というところに意義を求めたいと考える。各巻のテーマをここに改めて繰り返すことはしないが、さまざまなテーマについて、一人の人間が考えを述べている。稿者としては、それらが統一的な言説となっていることを期待したいが、それは今後の批判を俟ってのことと言わざるを得ない。

本講座の刊行開始の前年にあたる二〇〇九年に、『文献日本語学』(港の人)を刊行していただいた。その書名である「文献日本語学」すなわち文献＝テキストに基づく日本語学が稿者の立場である。それは、「書かれたことば」を起点とする日本語学といってよい。講座においてもその立場を貫いたつもりである。本巻でもそうした観点から、講座全体をほぼトレースしながら、言語の「揺れ」ということについて、できるかぎり多面的に論じていきたい。室町時代と明治時代とに成った文献を中心に採りあげ、「辞書体資料/非辞書体資料」という観点もできるかぎり鮮明なかたちでとりいれていきたい。

序　章

言語をどのように位置づけるか

「書かれたことば」をタイトルとした第一巻の第一章において、「音声言語」と「文字言語」とを独立した言語態と認め、その一方で「両者の間には両者を行き来できる何らかの「回路」がつねに確保されているとみておくべきであろう」（四十三頁）と述べた。その考えは現在でも変わっていない。

稿者は「音声言語」と「文字言語」との間には「回路がつねに確保されている」というみかたを採っているので、「文字言語」に関して、シリーズにおいて、「独立した言語態」という観点からの言説はほとんど展開してこなかったといってよい。つまり「音声言語」とは別の「書記言語」があるという方向からの言説を展開しなかった。また、漢字、平仮名、片仮名、ローマ字の「四種類の文字を、それぞれの特性を活かしながら見事に共存させているという日本人の智恵は、驚嘆すべきことだと言えるでしょう」（高田智和・横山詔一編『日本語文字・表記の難しさとおもしろさ』二〇一四年、彩流社、三頁）という言説にみられるような、日本語表記（ひいては日本語の文字言語）の「優秀性」を強調するような言説は避けてきた。そうした「みかた」が妥当かどうかについては今後慎重に考えてみたい。そうした「みかた」が仮に妥当であったとしても、それを言語学という枠組みの中の言説として述べる必要があるかどうか、ということについても考えてみたい。

第一巻第一章の第一節には次のようなモデルを示した。

伝えたい内容＝情報 ―言語化→ 言語 ―音声化→ 音声言語
　　　　　　　　　　　　　　　　　　　　└文字言語

右は「伝えたい内容＝情報」が「言語化」というプロセスを経て「言語」になるというモデルである。第九巻では、このモデルを再びあげて、次のように述べた。

まず「伝えたい内容＝情報」というものがあると考える。その「伝えたい情報＝内容」はさまざまなやりかたで、第三者に伝えることができる。例えば「怒りという感情」を伝えたい時に、（いささか乱暴な表現方法ではあるが）テーブルを拳で叩くという「伝え方」もあるし、怒った顔をして黙っているという「伝え方」もある。そんなことをする人はめったにいないと思われるが、怒った顔を絵に描いてみせる、という「伝え方」だって、ないとはいえない。これらは言語を使わない「伝え方」、伝達である。こうしたさまざまな「伝え方」とともに、「言語による伝達」がある。「伝えたい内容＝情報」を言語によって伝達するためには、「伝えたい内容＝情報」の「言語化」というプロセスがあることになる（四頁）。

文献＝テキストを起点とする文献日本語学においては、通常は言語を起点としてさしつかえないと考える。かつての言語学は言語を起点とすることによって、学としての枠組みや科学としてのスタンスを確保していたといってよいかもしれない。現在は、「言語化」というプロセスそのものについてのアプローチもさまざまな観点から行なわれている。

本講座では、「詩的言語」それそのものを正面から採りあげることはしなかった。それは稿者にそれだけの準備がなかったことによる。しかし、第四巻『連合関係』の第五章では「北原白秋の心的辞書（mental lexicon）」を話題とし、第八巻『自筆原稿』の第五章「韻文」の第二節では再び北原白秋を採りあげた。「詩的言語」の分析は今後に残された大きな課題であると考えている。

例えば北原白秋の詩をよみとこうとする場合には、「言語化」というプロセスについて、いささかなりとも考える必要が生じる。明治四十二年に刊行された『邪宗門』に「軟風」という題の詩が収められている。施されている振仮名からすれば、「軟風」は「ナヨカゼ」という語をあらわしていると思われる。次に当該の詩を掲げる。上に『邪宗門』のかたち、下に明治四十年七月に『明星』に発表された時のかたち＝初出形を示す。

軟風

ゆるびぬ、潤《うる》む罌粟《けし》の火は
わかき瞳の濡色《ぬれいろ》に。
熟視《みつ》めよ、ゆるる麥の穂の
たゆらの色のつぶやきを。

たわやになびく黒髪の
君の水脈《みを》こそ身に翻《あふ》れ。―
うかびぬ、消えぬ、火の雫《しづく》、
匂の海のたゆたひに。

ふとしも歎《なげ》く蝶のむれ
ころりんころと……頬《ほ》のほめき、
觸《ふ》るる吐息《といき》に縺《もつ》るれば、
色も、にほひも、つぶやきも、

初出（『明星』）

ゆるびぬ、濕《うる》む罌粟《けし》の火は
わかき瞳《ひとみ》の濡色《ぬれいろ》に。
熟視《みつ》めよ、ゆるる麥の穂の
たゆらの色のつぶやきを。

たわやに捲《ま》ける黒髪の
君の水脈《みを》こそ身に煽《あほ》れ。―
うかびぬ、消えぬ、火の雫《しづく》、
匂《にほひ》の海のたゆたひに。

ふとしも白《しら》む蝶の笛《ふえ》
うつらに薫《くゆ》り、浮標《うき》の花、
帆のまぼろしに縺《もつ》るれば、
色もにほひもつぶやきも、

同じ音色《ねいろ》の搖曳《ゆらびき》に
倦《うん》じぬ、かくて君が眼《め》も。—
あはれ、皐月《さつき》の軟風《なよかぜ》に
搖《ゆ》られて夢めむわがおもひ。

同じ音色《ねいろ》の揺曳《ゆらびき》に
倦《うん》じぬ、かくて君が目も。—
あはれ、皐月《さつき》の軟風《なよかぜ》に
ゆられてゆめむわがおもひ。

例えば、『古今和歌集』の和歌が理解できているのと同等に、白秋の詩を初めとする近代詩が理解できている、よめているだろうかと思う。日本近代文学大系28『北原白秋集』(一九七〇年、角川書店)は四〇年以上前のものということになるが、詩人である村野四郎が注釈を担当している。

白秋が何らかのイメージ、興趣をもち、それを詩という「器」を使って「言語化」したものが右のような白秋の詩作品ということになる。白秋がどのようなイメージを得ていたかについては、結局は(白秋以外には)わからないということになりそうであるが、それでも、そのイメージを探ることから詩の「よみ」が始まるはずだ。「イメージ→詩作品」というプロセスを経て作られた詩作品を「よむ」ということは、かたちとしてあらわれている詩作品の語を起点として、「詩作品→イメージ」のように、プロセスを逆にたどっていくことでもある。その「よみ」が恣意的にならないためには、そこに「方法」が必要であろう。詩人の直観がイメージを瞬時に探り当てることはあるだろう。しかし、詩を「よむ」、詩的言語を「よむ」ということを、言語分析という枠の中での営為として位置づけるのであれば、やはり何らかの「方法」、少なくも「方法めいたもの」がほしい。その「方法(めいたもの)」に関して、「連合関係」というみかたが寄与できるのではないかと考えている。しかしそうはいっても、明らかにできることは必ずしも多くはないことが予想される。そうであっても、そうした「方法」の追及は今後の課題として行なっていきたい。

さて、例えば第三連は「ふとしも歎く蝶のむれ」という一行で始まる。先にあげた『北原白秋集』の頭注は、「胸の嘆きの投影。罌粟の花に慕い寄るほの白い影のような蝶のむれの羽ばたきが、胸の嘆きを奏でるように感じられたのである」（二〇四頁）と述べる。「ほの白い影のような蝶」の「白い」は、初出の「ふとしも白む蝶の笛」から導き出されたのかもしれない。しかし初出は「蝶の笛」が「白む」と表現しているのであって、蝶が白いとはいっていない。初出の表現「蝶の笛」がそもそも難解である。「蝶」と「笛」とは何によって結びつくのだろうか。こう考えると、イメージの追及の困難さをいわば思い知らされる。三連でなぜ蝶があらわれてくるのか、そうしたことを（可能であれば）つきとめたいと思う。それはもはや言語の学の追及すべきことがらではないかもしれない。しかしその追及、特に「方法」の追及は言語の学になにほどか資することがあるのではないかと考える。

二行目は初出では「うつらに薫《くゆ》り、浮標《うき》の花」であった。それが『邪宗門』においては、「ころりんころと……頰《ほ》のほめき、」とかえられている。「ウツラ」と「コロリンコロト」は何らかの繋がりを思わせる。この「ころりんころと……」について、頭注は「嘆きの心を表わす擬音語」と述べる。「嘆きの心を表わす擬音語」は理解しにくい。そのような擬音語があるのだろうか。一行目に「歎く」とあることからそのように説明しているのではないのだろうか。稿者は右で白秋の詩をどのように「よむ」かということを話題にしたが、ここで、「よみ」の是非を直接的、具体的に検討しようとしているわけではない。「詩的言語」を分析するためには、今まで稿者が考えてこなかった「言語化」についても、考えていく必要があるということを自戒をこめて確認しておきたい、ということにつきる。

第一章

テキスト間にみられる「揺れ」

本章では非辞書体資料を採りあげて、テキスト間にみられる「揺れ」をてがかりにして考えを進めていきたい。第一節では幕末から明治期にかけて書写された実録体小説を採りあげることにする。

第一節　実録体小説における「揺れ」

本講座第三巻「二つのテキスト（下）明治期の文献」第一章「江戸期から明治期への移行」においては『大岡仁政録』にふれ、また、本講座第七巻「ボール表紙本」の第一章第二節「実録体小説の活字化」においては『大久保武蔵鐙』を採りあげた。ここでは、豊臣秀頼母子住吉詣の日に、天下茶屋において、林源次郎が、父・兄の敵である伊藤将監（当摩三郎右衛門）を討ったというフィクション『天下茶屋敵討真伝記』の巻之二「林玄蕃逆臣を見顕する事并長船紀伊守赤面之事」の冒頭箇所一丁半ほどを採りあげることにする。

A　弘化四（一八四七）年（星昌教書写）二冊本

非義無道の言を深く謀て三寸の舌頭を振述る時は
浅知短才の輩是か為に欺れ終に悪道に沈む者多シこ
れは長船記伊守弁舌ヲ以虚を實として諸士を欺主人
を癈して國家を押領せんと工み既に己か思ふ圖に至り
し所林玄蕃不得心の言葉をはつしたるゆへ長船また
是を言ヽふせんと演説す其言語不所存なりといへ
とも實忠義と聞しかは諸士是に迷るヽ躰なりしか』

共林玄蕃少も伏せすあさ笑て申けれるは大謀は忠義に似たりと言共天道の明鏡覆ひ隠さん事思よらす汝か始終之ことく言は己か罪をのれと顕ヌ自業自得にして當家を呑んと謀陰悪既に顕るゝ□也論するに足らすと言共諸士迷惑途を晴さすか為我今明らかに其證□を顕すへし今主人を廢《はい》して我名を断んとならは大守在國し給ふうち諸士を集めて評議し主人を隠居させ奉り別に新君をも沙汰すへきに主人は國を我〳〵に預け奉り遠く出陣有し跡にて此沙汰に及は臣たる者之道にあらす』是汝か陰謀の證據とすへ＊一つなり扨又秀家公の若君有迚偽言をはつする事大一の不審也主人奥女中に御手を掛られ御出生有し若君とはたとへ如何成賤の女成共腹は仮物君之御種に相違なくは何ゆへ今迄隠したまわするや

＊き脱カ

B　嘉永二（一八四九）年写五冊本

非儀不道の詞も深謀して三寸の舌頭をふるひ述る時は浅智短智の輩是が為に欺れ

終に悪道に沈む者多し去ば紀伊守舌頭を
以て虚を実とし諸士を欺き主人をはいし
國家を押領せんと工み既に己れが思ふ圖に
いたらしむる時林玄蕃不得心の詞を発せし
かば長船又是を言伏んと忠義の躰にて』
詞を工みさま〳〵演説す其言語不所存成りと
いへとも実に忠義と聞ひしかば諸士是に
迷ひし躰□□しかとも林玄蕃少しも伏
せずあさ笑つて申けるは大謀は忠に似たりと
いへ共天道の明鏡覆かくさしむる事能わず
汝が終始の言ばおのれが顕わず自業自得
にして當家を呑んと計る陰悪既に顕す
論するに足ずといへ共諸士の迷ひ迷を晴
さす為なれば我其證據をあらわすべし
主人を發して我名を立んとならば大守』
在國し給ふ内諸士をあつめ評定し主人を
隠居させ別に新君をも沙汰すべき主人は
國を我々に預け置遠く出陣ありし跡にて
其沙汰に及ぶは臣たる道にあらず是汝が隠

謀の證據とすへき所なり扨又秀家卿の若君有りとて僞言を発する事第一の不審也主人奥女中に御手掛られ出生有し若君と申譬ひいかなる賤女なり共腹はかり物君の御胤に相違なし何ゆひ今迄かくし給へしそや

C　文久三（一八六三）年藤原光泰書写・識語五冊本

非儀不道の詞も深謀して三寸の舌頭を振ひ述る時は浅智短才の輩是か為に欺れ終に悪道にしづむもの多しされは長舩紀伊守舌頭を以て虚を実とし諸士を欺き主人を廢して家國を押領せんと工み既に己か思ふ圖に至らしむる時に林玄蕃不得心の詞を發せしかは長舩又是を言伏んと忠儀の躰にて詞を工みさま〳〵演説す其言語不所存なりといへとも実に忠儀と聞へしかは諸士是に迷ひける躰也しかとも林玄蕃少も伏せずあざ笑て申けるは大謀は忠に似たりといへとも天道の明鏡覆ひかくさしむ事あたはず汝か始終の話シはおのれと顕はす自業自得にして當家を呑んと計る隠悪既に顕然たり論ずる

にたらずといへとも諸士の迷ひを晴すためなれは我其證拠を可顕まづ主人を廢して我名を立んとならは大守在國し給ふ内諸士を集め評定して主人を隠居させ奉り別に新君をも沙汰すべきに主人は國を我々に預ケ置』遠く出陣ありしあとにて其沙汰に及ぶは臣たるの道にあらず是汝か隠謀の證據とすべき所也さて又秀家卿の若君ありとて偽言を發する事第一の不審也主人奥女中に御手かけられ出生ありし若君と申に譬へいか成賤の女なりとも腹は借物君の御胤に相違なくは何故只今迄隠し給ひしぞや

D　明治十四年（藤吉高久書写）一冊本

非儀非道の言葉も深く謀て三寸の舌頭を震ひ述る時は浅智短才の輩是か為に欺れ悪道に沈む者多し故に長舩紀伊守舌頭を以て虚《キヨ》を実とし諸士を欺き主人をみだし家國を押領せんと工み既に己か計る圖に至らしむる時に林玄蕃不得心の言葉を趣しかば長舩是を言ひ伏んと忠義の躰にて言葉を工み様々舌頭を述へ其言語に不所存成とはいへとも実に忠義と聞へしかは諸士是に迷ひける躰也しか共林玄蕃少しも伏すあざ笑

ひて申けるは是大謀は忠に似たりといへ共天道の明鏡悪しを隠
さしむる事能はす汝か始終の事己と顕す自業自得にして
當家を呑んとする隠悪既にれきぜんたり諸士の迷ひを晴さん
為なれは我は證據を顕わさんと主人をはいして家名を立んとならは』
大守在國し給ふ内諸士を集め評定せしめて主人を隠居させ奉り
別に新君を沙汰すへきに主人は國を我々に預ケ置遠く出陣有し
跡にて其沙汰に及ぶは臣たるの道にあらす是汝か隠謀の證
據とすへき処也偽りの言葉を以て事を起し候事第一の不審なり
主人奥女中に御手懸られて出生有りし若君と申事縦へ如何成
賤しき女なり共腹はかり物君の御種に相違なし何故今迄隠し
給ひしぞや

E　明治二十一年（我妻弥右衛門書写）五冊本

非議不道の詞を辛抱《シンハウ》して三寸の舌を以て震ひ述る
時は浅智短才の輩是か為に欺かれ終に悪道に沈』
んもの多しされば長舩紀伊守弁舌を以て虚《ウソ》を
実にし諸士を欺き主人を廃《ハツ》して家國を押領
せんと工み既に己か思ふ圖に至りしかは林玄蕃不得心
の詞を發せしかば長舩又是を言伏せんと忠義の

躰にて詞を工みに様々演舌《エンセツ》す其詞不遜《ソン》也と言共
実に忠義と聞しかは諸士も又是に迷ふ躰也しかとも
玄蕃少しも屈せず欺笑て申けるは大奸は忠に似た
りといへとも天道の明鏡覆ひ隠さん事思ひも寄ラ
ず汝か始終の詞己か罪已に顕然たり自業自得に』
して當家を呑んと計る隠悪既に顕然也論ずる
に足らすといへ共諸士の迷を晴さんか為メ我明らかに
其證據を顕すべし先主人をはつして我名を重シ
立んとならは大守在京し給ふ内諸士をあつめ評定し
主人を隠居させ奉り別に新君の沙汰すべきに主人は國を
我々に預ケ置遠く出陣有し跡にて其沙汰に及ぶは臣たる
道に非す是汝か證據にすべき一つ也扨又秀家卿の若君有
とて偽言する事第一の不審也主人奥女中に御手を掛ケ
られ出生有りし若君と申か假いかなる賤女也共腹は仮』
もの主人の御種に相違なくは何故今迄隠し給ひしぞや

F　書写年時不明（渡邉氏所持）三冊本

非義不道の言葉も深謀して三寸の舌頭を震て述る時は
浅智の族短才の輩は是か為に欺れ終に悪道に沈むもの

多しされは長船紀伊守舌頭を以虚を實とし諸士を欺キ
主人を廢して國家を押領せんと工み既に己か思ふ圖に
いたらしむる時に林玄蕃不得心の言葉を発しけれは長船
又是を言伏んと忠義の体にて詞を工みさま〳〵演説す其
言語不所存なりといへとも実に忠義と聞へしかは諸士
是に迷ひける躰也しかとも林玄蕃少も伏せす嘲り笑つ
て申けるは大謀は忠義に似たりといへとも天道の明鏡
おほひ隠さしむる事能はす汝か始終の言葉おのれと』
あらはす自業自得にして當家を失わんと計る隠悪既
にけんぜんたり論するに及すといへとも諸士の迷ひをはらす
ために我其證據に解聞すべし主人を廢して我名を
立んと成らは大守御在國の砌り諸士を集め評定し主人を
御隠居させ奉る上にて新君の沙汰をもすへきに主人は
國を我々に預置遠く御出陣有し跡にて其沙汰に
及は臣たる道にあらす是汝か隠謀の證據とすべき所なり
扨又秀家卿の若君有とて偽言を発したる事第一の
不審なり主人奥女中に御手をかけさせられ出生ありし
若君と申は縦ひ如何なる賤の女なりとも腹はかりもの君の
御種に相違なくは何故今迄隠し置給へしそや

G　書写年時不明（金澤庄七所持）五冊本

非義不道言葉も深く謀りて三寸の舌頭をふるひ延る時は浅智の短才の輩是が為に欺れ終に悪道にしつむもの多し為に長船紀伊守舌頭を以て虚を実として諸士を欺き主人を廢して家を押領せんと工み既に己がおもふ圖に至らしむる時に林玄蕃不得心の言葉を発しけるゆへ長舩又是を言伏んと』忠義の躰にて言葉をたくみさま〳〵演舌す其言語不所存也といへども実に忠義と聞へしかは諸士是に迷ひける躰也しかは林玄蕃は少しも伏せずあざ笑ひもふしけるは大謀は忠に似ると言ども天道の明鏡を覆ひ隠ん事あたわす汝が始終の事は己と顕れ自得にて當家を呑んとはかる隠悪既に顕然たり論するにたらすといへとも諸士の迷ひを晴さん為なれば我其證據を顕すべし主人を廢して我名を立んとならは大守在國給ふ内諸士を集め評定し主人を』隠居させ奉り別に新君をも沙汰すへき主人は國お我々に預け置遠く出陣有し跡にて其沙汰に及ふは臣たるの道にあらす是汝が隠謀の證據と

すべき所也さて又秀家卿の若君ありと偽言を発する事第一の不審なり主人奥女中に御手かけられ出生有し若君と申事譬ばいかなる賤女なり共腹はかりもの君の御胤に相違なくは何故今迄隠し給ひしぞや

H　書写年時不明（仙台塩釜南町佐藤屋庄蔵所持）十冊本

非義無道《ひぎむどふ》の詞《ことば》を深謀《しんほう》して三寸の舌《せつ》頭《とう》をふるい述《のぶ》る時は浅智短才《せんちたんさい》のともがら是が為《ため》に欺《あさむく》すついに悪道に沈者《しづむもの》多し去ば長船紀伊守舌《せつ》頭《とう》を以て虚《きよ》を実《じつ》とし諸士《しよし》を欺《あさむ》き主人をはいして家國を押領《おふりよう》せんと工みすでにおのれが思ふづに至《いた》りし時林玄蕃不得心《ふとくしん》の詞《ことば》をはつせしかば長船又是をいゝふせんと忠ぎの躰にて詞をたくみさま〳〵演説《ゑんせつ》す其言語不所存《ごんごふしよぞん》なりといへども実に忠義と聞《きこ》へしかば諸士是にまよ』

いける躰なりしかば林玄蕃すこしも
伏せすいさ笑《わら》いて申けるは大謀《ぼう》は忠に
似《に》たりといへども天道の明鏡《めいせう》覆《おゝ》い
かくすこといたわす自業自得《しきようしとく》にし
て當家を呑《のま》んとはかる陰《いん》以て既《すで》
に顕然《けんぜん》たり論《ろん》するにたらずといへとも
諸士のまよい途《ど》をあらはす為なれ
は我その證據をあらはすべし主人』
はいして我名を立んとならば大
守在國《さいこく》し給ふ内諸士をあつめて評《ひよう》
定して主人を隠居《いんきよ》させ奉り別新《べつしん》
君を沙汰《さた》すべきに主人は國を
我〳〵にあづけ置とふく出陣《ぢん》有し
跡《あと》にて其沙汰《そのさた》に及ぶは臣たる道に
あらす是汝《なんじ》か隠謀《いんぼう》の證據《せうこ》とすべき
所なり扨また秀家公の若君有し《わかきみあり》』
とて偽言《いこん》をはつすること第一の不審《ふしん》
なり主人おく女中に御手をかけられ
て出生有しと申たとへいかなる賤《せん》

女たりとも腹《はら》はかり物君の御たね
に相違なくは何ゆへ今まてかくし
給いしそや

I　書写年時不明（合冊本）

非義不道の言葉も深謀して三寸之舌頭を震ひ述る時は
浅智短才之輩是か為に欺かれ終に悪道に沈むもの多し
されは長船紀伊守舌頭を以て虚を実として諸士を欺き
主人を癈して國家を押領せんと工み既に己か思ふ圖に至らん
とする時林玄蕃不得心之言葉を發したりしかは長船又
是を言伏せんと忠義之躰にて言葉を工み様々演説す其』
言語不所存なりと雖共誠に忠義と聞へしかは諸士是に
迷ひける躰なりしか林玄蕃進み出少しも臆せすあさ笑
ひて申けるは大謀《ほう》は忠に似たりと雖共天道の明鏡覆ひ
隠さしむる事能わす汝か始終の言葉已と顕す自業
自得にして當家を呑んと計る隠謀《いんぼう》既に顕われたり論する
にたらすと雖共諸士の迷を晴さす為なれは我證拠を
顕わすへし主人を癈して我名を立んとならは大守
在國仕給ふ内諸士を集め評定し主人を隠居させ奉り

別に新君をも沙汰すへきに主人は國を我々に預け置き
遠く出陣有りしに跡にて其沙汰に及ふは臣たるの道に』
非す是汝か隠謀の證拠とすへき所也扨又秀家公の
若君有とて偽言を發する事第一の不審也主人奥方の
女中に御手懸られ出生有し若君なるよし譬ひ如何なる
賤女也共腹はかり物君の御胤に相違なくは何故今迄隠し
給ひしそ哉

J　書写年時不明大きさ不揃い本

非義無道の詞を深謀して三寸の舌さきを
述る時は浅智短才のともから是か為に
あさむかれ終に悪道にしづむもの多く
されは長船紀伊守舌頭を以てきよを実と
し諸士をあさむき主人をはいして家國を』
押領せんと工みすてにおのれか思ふづに至り
し時に林玄蕃不得心の詞を發しければ
長船又是を言伏んと忠義の躰にて詞を工み
さま〳〵演説す其言語不所存也といへ共実に
忠義と聞しかは諸士是にまよひける躰也けれは

林玄蕃少しも伏せすあざわらひて申けるは大謀は忠に似たりといへとも天道の明鏡おふひかくさしむる事あたわす汝か始終の詞をのれと顕す自ごう自得にして當家をのまんと計るいんあく既に顕然たり論』ずるにたらすといへとも諸士のまよひをはらさん為なれは我其證據を顕すべし主人をはいして我名を立んと大守在國し給ふ内諸士を集め評定し主人を隠居させ奉り別に新君をもさたすべきに主人は國を我々に預け置疾く出陣有し跡にて其沙汰に及ふは臣たるの道に有らず是汝か隠謀の證據とすへき處也扨又秀家公の若君有とて偽言を發する事第一のふしん也主人奥女中に御手をかけられて出生有し若君と申』たとへいかなる賤女たり共腹はかりもの君の御たねに相違なくは何故今迄かくし給ひしぞや

［テキストの「揺れ」をどうとらえるか］

ある言語に関して、発音、文法、表記など、言語のあらゆる面について、ある時期のある言語社会（言語使用集団）において、標準的、慣用的に使用されている言語形式を考えた場合、その標準的、慣用的な言語形式の周囲には非標準的、非慣用的な言語形式が存在しているというモデルを考えることができよう。そう考えた時に、ある一つの言語形式に関して、標準的、慣用的なありかたと、そうではない、非標準的、非慣用的なありかたとの間で「揺れ」がある、とみることができる。したがって、言語形式の「揺れ」とは、「ある一つの言語形式」についての謂いなのであり、異なる言語形式に関して、「揺れ」ているとはいえない。

右のテキストA〜Gを観察対象にして、A・Dに「弁舌」とある箇所が、B・C・E・F・Gには「舌頭」とある、という指摘をする場合、そもそもテキストA〜Gが「同じ」とくることができる程度の重なり合いをもっていて、一つの作品＝テキストとして括ることができる、ということが前提になることはいうまでもない。しかしまた、「一つの作品＝テキストとして括ることができる」というのは「括ることができるとみる」ということであって、それは「みかた」によることになる。

例えば、『源氏物語』という一つの作品＝テキストに関して、「青表紙本」「河内本」「別本」という呼称を用いて、テキストの系統の別を説明することがある。それは、微視的にみれば、相当に異なるテキストを、巨視的にみれば、『源氏物語』という一つの作品＝テキストとみなすことができる、ということに他ならない。「青表紙本」と「河内本」との対照が、何らかの考察のために有効であると判断されれば、そうした対照は成り立つ。その場合、両者を一つの作品＝テキストとみなしていることになる。一方、「青表紙本」と「河内本」との対照が有効性をもたない考察もあろう。その場合は、両者はその考察のためには、異なりすぎていて、一つの作品＝テキストとみなせない、ということになる。

A～Gにおいては、微視的にみて、ほとんど同じといえるほどの関係にある二つのテキストを指摘することができない。しかしその一方で、巨視的にみれば、「ほとんど同じ」といってもよいだけの重なり合いをもっている。テキストXを直接書写したものがテキストYである、ということがわかっていれば、そうした両テキストの「関係」を支えとして、さまざまな面での言語観察が可能になる。そして、分析や考察も、精密に行なうことができる。しかし、右のA～Gのような場合は、テキスト同士の直接的な「関係」が指摘しにくい。現存しているテキストの総体を考えた場合、このようなことが少なくないことが容易に推測できる。そうであっても、テキスト同士の重なり合いが何らかのかたちで保証されれば、対照することはできると考える。

［使用語の揺れ］

	a	b	c	d	e	f	g
A2	非義無道	浅知短才の輩	弁舌	演説	既に顕るゝ也	評議	賤の女
B4	非儀不道	浅智短智の輩	舌頭	演説	既に顕す	評定	賤女
C6	非儀不道	浅智短才の輩	舌頭	演説	既に顕然たり	評定	賤の女
D4	非議不道	浅智短才の輩	弁舌	演舌	已に顕然たり	評定	賤女
E5	非義不道	浅智の族短才の輩	舌頭	演説	既にけんぜんたり	評定	賤の女
F4	非義不道	浅智の短才の輩	舌頭	演舌	既に顕然たり	評定	賤女
G5	非義無道	浅智短才のともがら	舌頭	演説	既に顕然たり	評定	賤女

「演説」と「演舌」とは、ともに「エンゼツ」と発音するのが自然であり、語としては等しいとみることができるが、ひとまずは別形式とみなすことにした。それ以外の語に関しては、使用漢字の小異、漢字で書くか、仮名で書くかということについては別形式とはみなさないことにして、（A～Gという限られた数のテキストに対してではあるが）多く使用された形式に傍線を施し、その数をアルファベットの下に算用数字で入れた。「賤の女／賤女」についてはひとまず措いた。

その結果だけからいえば、テキストCが右に挙げた語句に関して、すべてにわたって、多く使用された形式を使っているということになり、逆にAが、多く使用された形式の使用がもっとも少ないことがわかる。Cに次ぐのはE・Fの5、それに次ぐのがB・D・Fの4で、A以外はある程度の「ちかさ」をもっていることがわかる。

A～Gにおいて、ことさらに異なる「本文」をつくろうとしているテキストはないと推測するが、そうであれば、右の「ちかさ／とおさ」はテキスト書写に際して自然に発生した「揺れ」の結果もたらされたものということになる。「揺れ」をひきおこす原因は一つではないと考えるが、右では考察外とした、語にあてる漢字に関していえば、発音形を軸にして語の受け渡しが行なわれている場合には、当然のことながら「揺れ」が発生しやすいといえよう。

項目aの「非儀不道」（B・C）「非議不道」（D）「非義不道」（E・F）は「ヒギフドウ（非義不道）」を書いたものと思われるが、「ギ」に「義」を構成要素としてもち発音が通う「儀・議」があてられる可能性は（一々の漢字字義を考えなければ）つねにあるといえよう。AとGとにみられる「非義無道」は「ヒギムドウ」という語を書いたものとみることももちろんできる。漢字列「非儀不道」「非議不道」「非義不道」が「ヒギフドウ」を書いたもので、漢字列「非義無道」が「ヒギムドウ」を書いたものであれば、そもそも使われた語が異なることになる。そうではなくて、「非儀不道」「非議不道」「非義不道」「非義無道」が同じ語を書いたものとみるのであれば、それは「ヒギブドウ」と発音する語であるとみるのがもっとも自然ということになる。

項目dに関しては、先に述べたように「演説」と「演舌」とを別形式とみなしたが、同語異表記とみることはもちろんできる。

項目bに関しては、Eの「浅智の族短才の輩」がひとまずは整った表現にみえ、このかたちを圧縮したのが「浅智短才の輩」であるようにみえなくもない。しかし、「浅智短才の輩」のかたちが多く使われているので、そのようには考えにくい。『大漢和辞典』は「短」字の条下に「短智」をあげていない。そのことからすれば、Bの「浅智短智」はあるいは「浅智」の「智」がいわば「順行同化」した例か。

項目c、項目fに関していえば、「ゼットウ(舌頭)」と「ベンゼツ(弁舌)」、「ヒョウギ(評議)」と「ヒョウジョウ(評定)」との語義がちかくなっていることを示しているのではないか。そうであれば、これらの語同士の間に「結びつき」が形成されていたことになる。

項目gに関していえば、テキストGには振仮名が施されていて、「賤女《せん》」とある。このことからすれば、テキストGにおいては、漢字列「賤女」は「センジョ」を書いたものとみるのが自然であろう。その一方で、テキストA・C・Eにみえる「賤の女」は「シズノメ」を書いたものとみるしかない。『日葡辞書』補遺は「Xengio」(センヂョ)を見出し項目として、語釈中で「Xizzunome(シヅノメ)に同じ」と説いており、「センジョ」という語形も確認することができる。「賤女」は「センジョ」をあらわし、「賤の女」は「シズノメ」をあらわしているというみかたはもっとも自然なみかたであるが、漢字列「賤女」は「シズノメ」をあらわしている可能性もあると考える。『天下茶屋敵討真伝記』の原態を原理的に想定することは可能で、その原態において語として「センジョ」が選択されていたか、「シヅノメ」が選択されていたか、ということについては不明とするしかいいようがないが、そのどちらであるにしても、書かれていたのは「賤女」というかたちで、そこから「賤の女」というかたちが(写し手の解釈に基づいて)発生した可能性があろう。

[テキストに「揺れ」が発生する原因]

テキストAの十二行目から十三行目にかけての「諸士迷惑途を晴さすか為我今／明らかに其證□を顕すへし」の箇所はやや不整にみえる。この箇所はテキストBにおいては、「諸士の迷ひ途を晴／さす為なれば我其證據をあらわすべし」とある。Aの「證□」の□は判読し難い文字が書かれている。〈みち、道筋〉という語義の「ト(途)」という和語がある。「とに迷う」＝〈どちらへ行けばよいかわからないでうろうろする〉という表現がある。あるいは他の語に下接して〈ところ、場所〉という語義をあらわす「ト(所)」という和語がある。Bの「迷ひ途」は〈まようところ〉というような語義をもつ「マヨイト／マヨイド」という語句を書いたものではないか。Gには「諸士のまよい途《ど》をあらはす為なれ／は」とある。

『日本国語大辞典』第二版は「マヨイト／マヨイド」を見出し項目としていないので、頻繁に使われるような語ではなかったか。この語が写し手にわかりにくかったために、この前後が不整になったのではないかと考える。Cの「諸士の迷ひを晴すためなれは」、Dの「諸士の迷を晴さんか為め」、Eの「諸士の迷ひをはらす／ために」、Fの「諸士の迷ひを晴さん為なれは」は「マヨイト／マヨイド」を使わずに文を整えたものとみえる。このような箇所が、テキストに「揺れ」を発生させる原因となると推測する。

第二節　明治の写本

二―一　写本と版本

節題に「写本」という表現を使い、さらに「版本」という表現を使った。「写本」は「写した本」であり、写すもととなる本、すなわち「書写原本」が存在することになる。「版本」はいうまでもなく、広義では（版を使って）出版された本をさす。言語を文字化する手段という観点からいえば、ある時期までの日本においては、「手で書く」か「印刷する」かということを考えればよい。「手で書く」すなわち「手書」の中には、何かを写すということが含まれる。また「印刷する」は「活字印刷」とそうではない、例えば「製版印刷」などに分かれる。

日本においては、百万塔陀羅尼に入れられた経を初めとする、宗教的な印刷物を別とすれば、文字化の手段は「手で書く」が先行し、「印刷する」が後発したとみることができる。「印刷する」がひろく行なわれるようになっても、「手で書く」は継続している。現代では「手で書く」機会はかなり減っているように思われるが、それでも「手で書く」という文字化の手段は続いているし、これからも継続していく可能性はたかいだろう。

過去の日本語の観察ということからは、「写本」と「版本」との対照によって何らかの知見を引き出すという方法がこれまでも採られてきている。日本においては、慶長・元和頃に「古活字版」と呼ばれる、活字による印刷が行なわれた。そして「製版印刷」が主流となっていくという「流れ」がある。江戸期は「製版印刷」がさかんに行なわれるが、明治期になって、「活字印刷」が主流となる。

「古活字版」がつくられた慶長・元和頃は、古代語から近代語への移行期にあたっており、「手で書かれた」テキストが「古活字版」として印刷されるにあたって、あるいは「古活字版」をもとにして「製版本」が印刷されるにあたって、言語の「揺れ」が観察されることがあった。「揺れ」は「手で書かれた」テキストが古代語の様相、萌芽を示すというかたちで観察されることが少なくない。抄物や御伽草子における写本と古活字版との対照はそうした「揺れ」の観察にふさわしい文献資料群といえよう。御伽草子に関しては、稿者も『文献から読み解く日本語の歴史〔鳥瞰虫瞰〕』(二〇〇五年、笠間書院刊)の中で、『横笛滝口の草子』を分析対象として、いささかの考えを示した。

日本語の歴史を記述するという目的、あるいは過去の日本語のありかたを探るという目的のためには、言語の移行期(と思われる時期)に成立したテキストに注目することは当然のことといえる。しかし、言語を文字化するということを明らめることを目的とするのであれば、「手で書かれたテキスト」が印刷されるとどうなって、「印刷されたテキスト」を「手で書く(書き写す)」とどうなるか、ということの双方を視野に入れておく必要があると考える。そうはいっても、「文字化の手段」のみ、すなわち「手で書くこと」「印刷すること」のみを話題にすることは難しいのであって、結局は「日本語の歴史を記述する」という枠組みの中で、「文字化の手段」について考えることが自然であろうし、それでよいと稿者は考えるが、幾分なりとも、「文字化の手段」寄りに焦点を置いた観察や分析は試みておく必要があろう。ここでは、そうした考えのもとに、「明治期の写本」を採りあげてみたい。

二―二　資料について

荘子の胡蝶の夢になぞらえ、登場人物である夢想兵衛の夢物語として語られる遍歴体の寓話小説とでもいうべき読本作品に、曲亭馬琴『夢想兵衛胡蝶物語』(文化七・一八一〇年刊、前編五巻・後編四巻)がある。

稿者は、この前編五巻の写本を所持している。巻之一の末尾には「明治十九年丙戌十月吉日写之」、巻之二及び巻之三の末尾には「明治十九年丙戌十月吉日写之」、巻之四の末尾には「明治十九丙戌年九月吉辰土田写之」、巻之五の末尾には「明治十九丙戌年九月吉辰湖東小林書」と記されている。この巻之五の末尾の識語は、他の巻の識語と明らかに筆致が異なる。また「本文」の筆致は総体としてみると似寄っているようにみえるが、細部には異なりがあって、やはり巻之五のみ「小林」なる人物が書いたものと思われる。他の巻は「土田」なる人物が書いたものとみるのが自然であろう。識語によれば、五巻とも明治十九(一八八六)年に写されたものということになるが、巻一・四が九月に土田氏によって、巻五も九月に、これは小林氏によって写され、巻二・三は土田氏によって十月に写されていることになり、巻の順と書写の順とが一致しない。この写本には、これ以外には、書写に関する「情報」は記されていないが、あるいは貸本になっている版本を写したというようなことがあるのだろうか。この点については想像の域をでない。

ここで分析対象とするのは、明治十九年に写された『夢想兵衛胡蝶物語』の写本である。以下、この分析対象とする明治十九年に写されたテキストを単に写本と呼ぶことがある。巻之一の冒頭には「胡蝶物語自叙」とあって、その末尾には「文化六年己巳六月　曲亭主人識」とある。これは文化七年に刊行された版本(以下これを単に版本と呼ぶことがある)にみられるもので、このことをもって、写本は版本を写したものとみて、考察を進める。他にも本文を対照すると、版本の文字遣いをかなりな程度まで受け継いでいることが窺われる。

仮名にどのような異体仮名をあてるか、ということは明治十九年の時点においては、さほど意識されてはいなかったと思われるが、異体仮名の使用もおおむね版本に従っている。

図1は版本巻之一の十一丁裏、図2は写本の、それにほぼ該当する箇所である。版本四行目の「足／もかなはねば」の「ね」にはいささか変わった字形があてられているが、写本も同じような字形をあてている。また版本一行目の「僮」の振仮名は「〈ハ〉づか」とあるが、写本は「ハズカ」とある。かなづかいは異なり

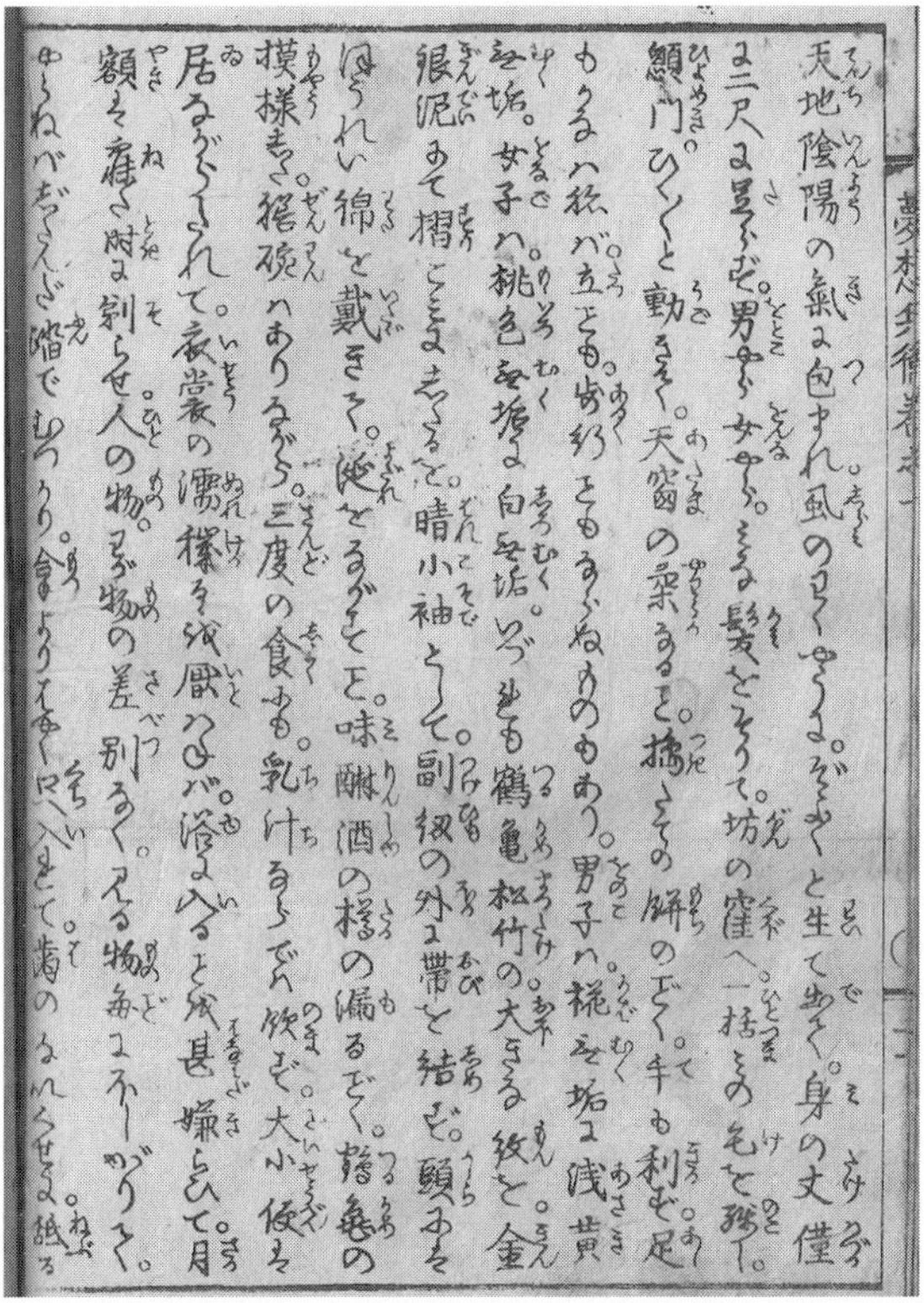

図1　版本『夢想兵衛胡蝶物語』巻1

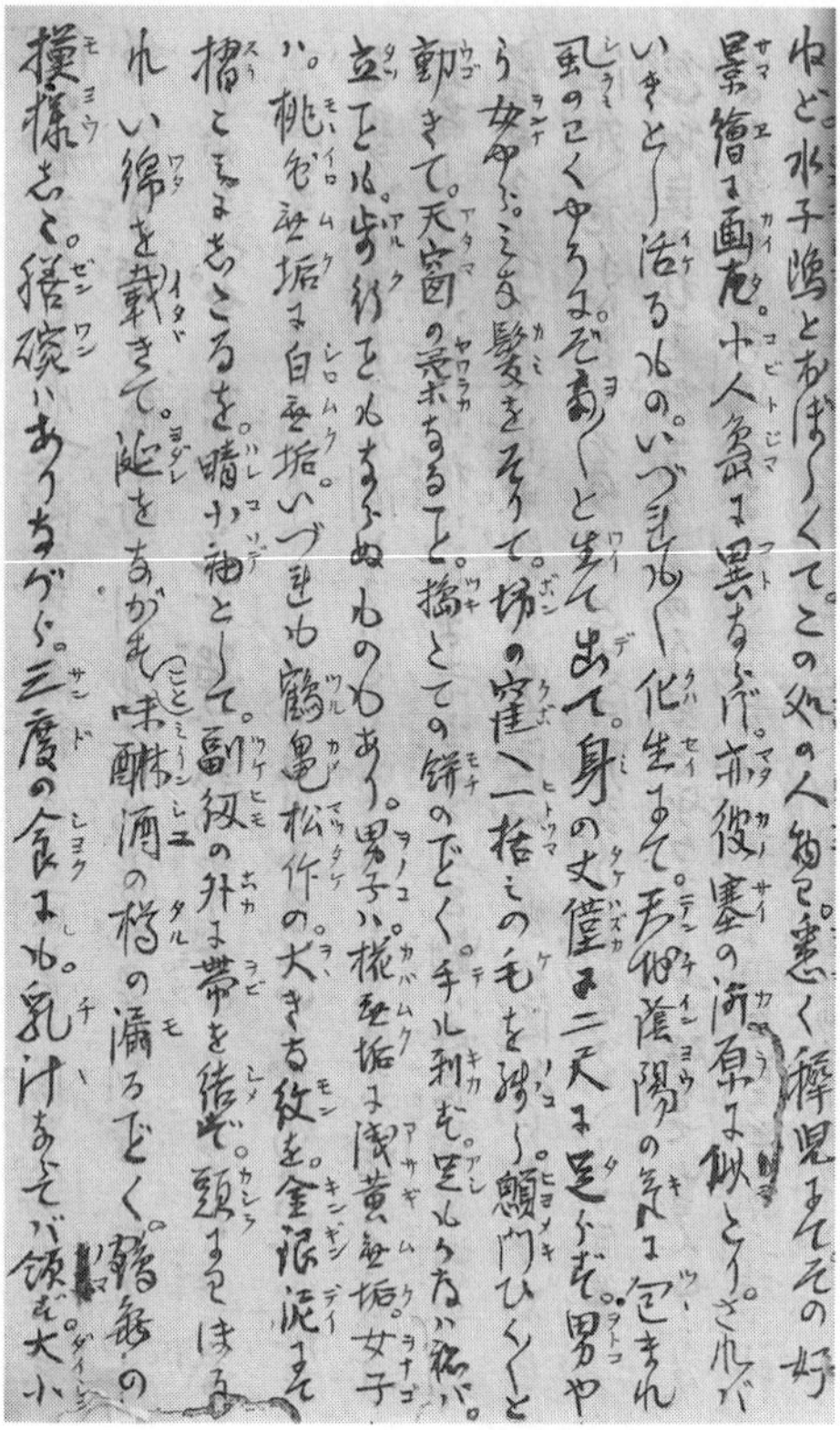

図2　写本『夢想兵衛胡蝶物語』巻1

があるが、「ワ」と発音していたと思われる「ワ」に、両テキストともに〈ハ〉をあてている。これらのことは、写本が版本を写したものであることを示していると考える。あるいは版本の「嗜（たし）みて」（十七オ四行目）の振仮名は「たしな」とあるべきかと思われるが、こうした箇所が写本にも「嗜（タシ）みて」とあることなども右のようなみかたを裏付けるものといえよう。

また図4では「したてあげられても。」に続いていったん「新参にきつてまはされ歯を切て」と書きそれを抹消して「庭子じやとて人もゆるし。」と書いているが、これは図3の二行目、版本の「したてあげられても」を書いた後に、先の隣の行の「新参にきつてまはされ」以下を写してしまったと思われる。「目移り」と呼ばれることのある現象だが、これも写本が版本を写していることを示していると考えることができる。

図5では、前の行に「目移り」してしまっている。

本稿は、版本を写した写本によって、文字化ということを考えることを目的としている。版本が刊行され

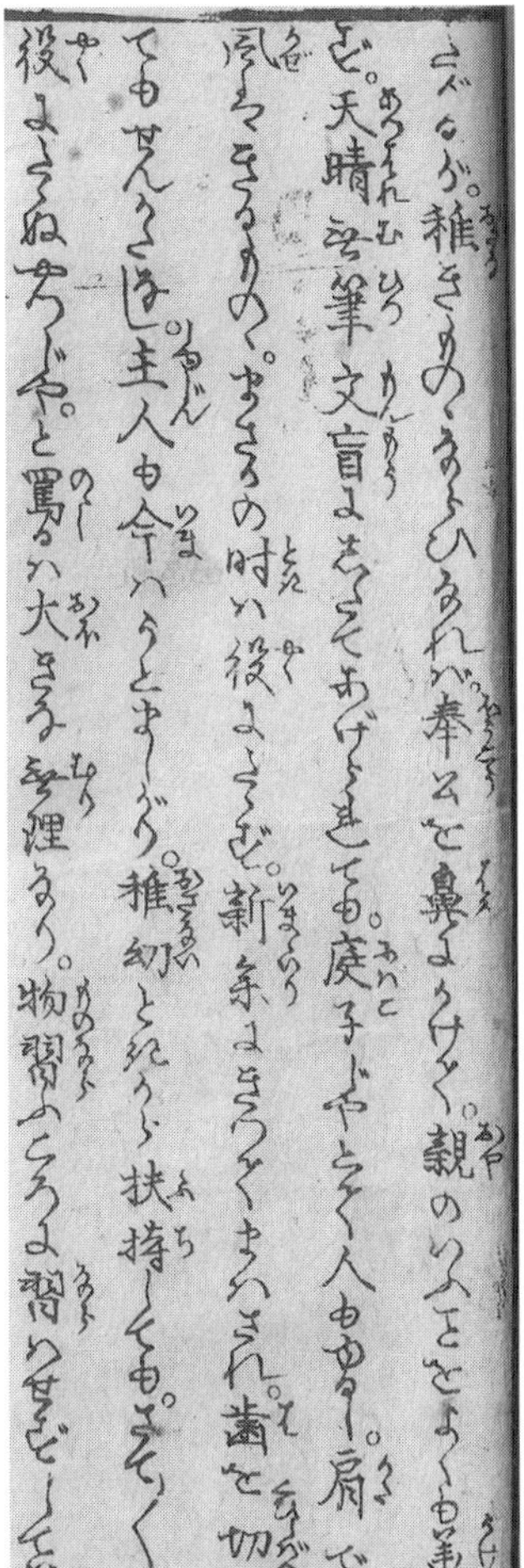

図3

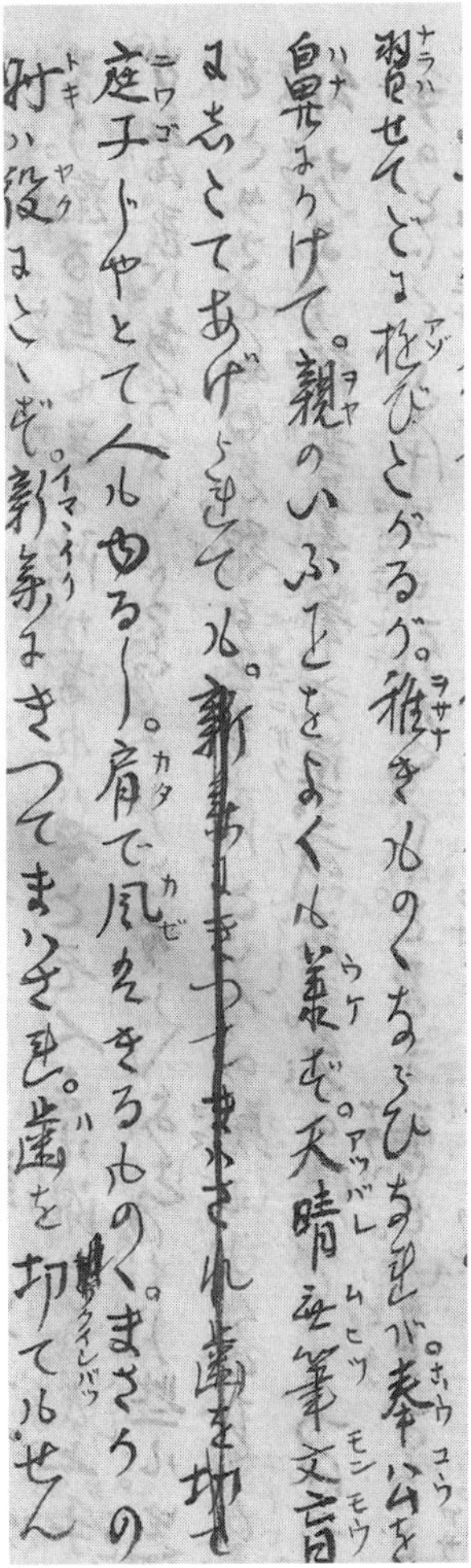

図4

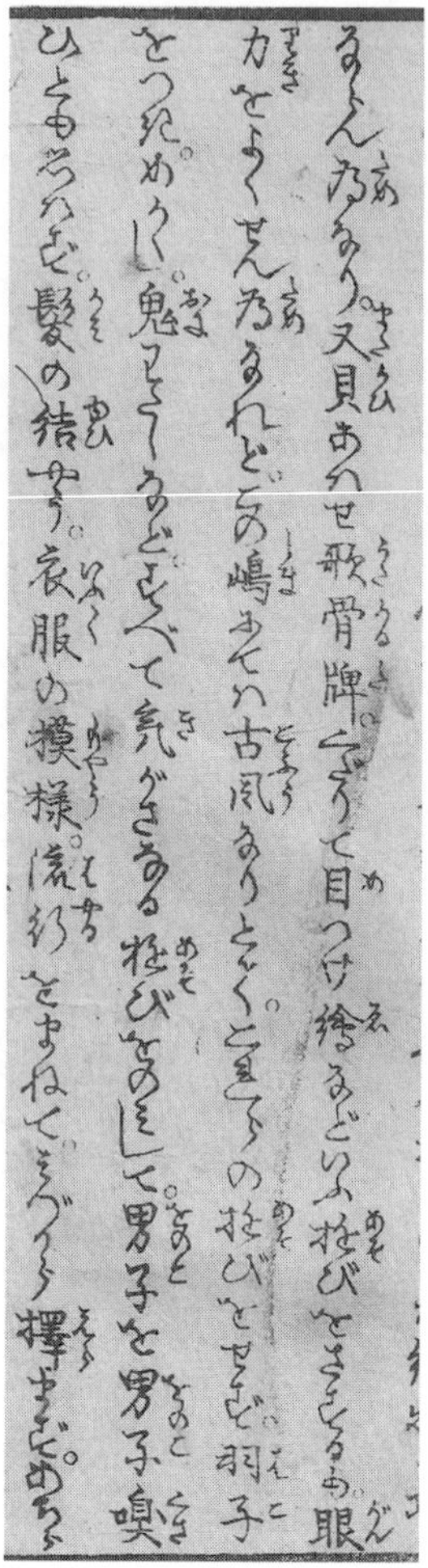

図5

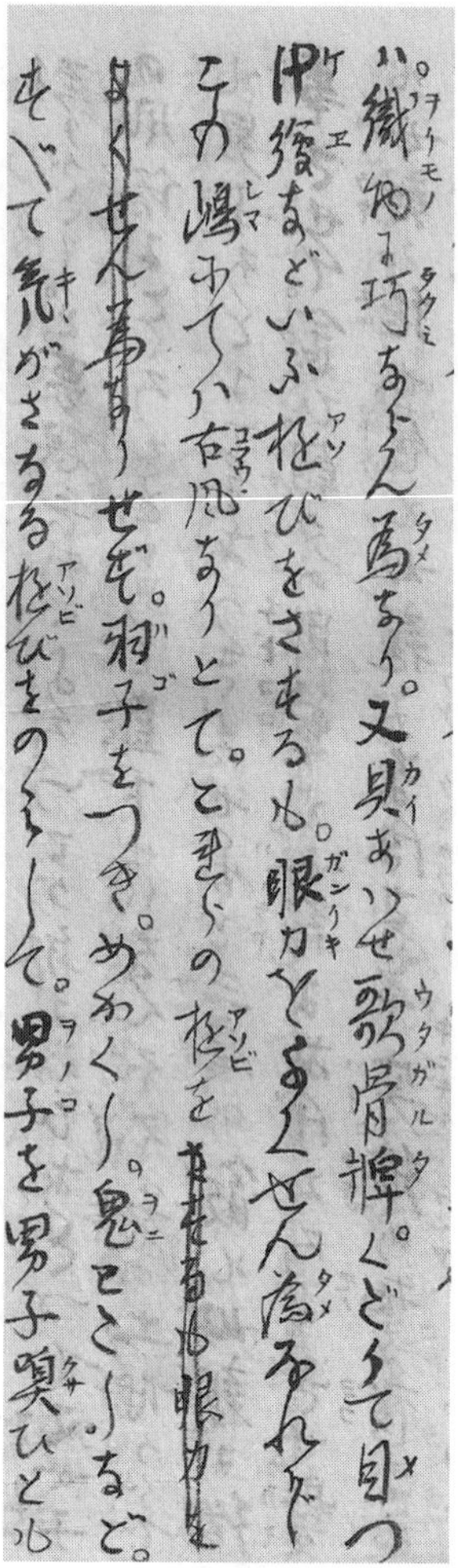

図6

たのが文化七（一八一〇）年で、書写されたのが明治十九（一八八六）年であるので、刊行時と書写時とには七十六年の隔たりがある。大枠でいえば、版本刊行時も、写本書写時も近代語の時期であることになるが、江戸期と明治期という違いはある。そのことがどのように「文字化」に「反照」しているかということが考察したいことがらの一つであり、さらに、可能な限り「文字化」ということそれ自体についても考察を試みたい。

版本を写した写本は、文学研究では顧みられることはなかったと思われるし、言語研究においても、積極的にそのような写本が分析対象となったことはなかったのではないだろうか。そうした意味合いにおいて、この分析は新しい試みをしていることになる。

二―三　版本と写本との対照

二―三―一　平仮名と片仮名と

版本は漢字平仮名交じりで書かれ、ほとんどの漢字には振仮名を平仮名で施している。しかし、写本においては、振仮名を片仮名で施している。版本の表記体は「漢字平仮名交じり＋平仮名振仮名」と表現することができるが、これは結局は「漢字平仮名交じり」という表記体の中に包摂することができるので、そうした表記体を選択しているとみることができる。一方、写本の表記体は「漢字平仮名交じり＋片仮名振仮名」ということになり、これは「漢字平仮名交じり」という表記体の中に包摂できない。

この「漢字平仮名交じり＋片仮名振仮名」という表記体は、明治期の文献においては珍しいものではないので、そのことについての言説をあまり目にしない。しかし、仮名として平仮名と片仮名とを使うということは注目するべきであろうし、片仮名を振仮名に限定して使うということになれば、振仮名がいわば「特別視」されているという可能性も考えなければならない。一つの問題提起として述べておくことにするが、このような「漢字平仮名交じり＋片仮名振仮名」という表記体においては、振仮名が特別なものとみなされていた可能性があろう。「特別なもの」がどのような次元において「特別なもの」であるのかということを明らめることは今後の課題としたいが、そこには「漢字に施す」という「感覚」が発生している可能性もある。

「疆（かぎり）ある生（せい）を天地（てんち）に稟（うけ）て」（版本巻之一、五丁表）（以下、引用にあたって、振仮名は、それが施されている漢字列の後ろに丸括弧に入れて示す）を例にする。このように書かれていた場合、和語「カギリ」を文字化するにあたって、漢字「疆」を使った、というのが稿者のみかたである。書き手が選択したのが「カギリ」という和語で、それを文字化するにあたって、漢字を使うことを選択し、次に具体的な漢字として「疆」字を選択した、とみる。書き手が選択した語が「カギリ」で、それは振仮名として現われているから、「振仮名が本文である」ということもできる。漢字列は後から選択されるのであって、語を選択するより前に漢字列のみを選択することは考えられない。したがって、特殊な事情がある場合を除いては、振仮名を「漢字のよみ」とみることはしない。

先に振仮名を「漢字に施すという感覚」と表現したのは、この、振仮名を「漢字のよみとみる」感覚である。この場合、「漢字が先にある」ことになる。『夢想兵衛胡蝶物語』のように、ほとんどの漢字に振仮名が施されているテキストを書写する場合に、どのタイミングで振仮名を写すか、ということがある。ある程度のまとまりごとに振仮名を施すということは（想像に過ぎないが）実際的なやりかたに思われる。そうであるとすれば、そうした写し方をした場合には、「漢字が先にある」という状況が生まれることになる。

版本の「密夫（まをとこ）の扱金（あつかひきん）」（巻之一、六丁裏二行目）は写本にも「密夫（マヲトコ）の扱金（アツカイキン）」とあるが、「マヲトコ」は「ミツフ」を抹消した上に書かれている。あるいは版本の「一期（いちご）は有（たもち）がたし」（五丁表十一行目）は写本にも最終的には「一期（イチゴ）は有（タモチ）がたし」とあるが、「タモチ」は「アル」を抹消した傍に書かれている。「がたし」に続く語形としても「アル」はふさわしくない。このような例は少なからず見出す事ができ、そのことからすれば、当該写本においては（と限定をつけておくが）、どの程度のまとまりを書いてから振仮名を施していたかまではわからないけれども、漢字列を書いてしまってから、振仮名を施すことがあった、と推測できる。「がたし」は「た」にも濁点を施して、それを消したようにみえ、あるいは濁点も振仮名と同様、後から施している可能性がある。

振仮名を後に施すとすれば、丁寧な作業としては、一つ一つの振仮名を書写原本で確認しながらということが当然考えられる。しかし、「後から写す」ということは、まずは作業手順であろうが、「先に写す」「後に写す」ということを、より「深刻に」考えれば、重要だから「先に写す」、附属的な要素だから「後に写す」という「感覚」を発生させていないかどうか。「附属的な要素」という表現を採ったが、「選択的な要素」と表現しなおしたらどうであろうか。選択的ということは「あってもなくてもいい」ということになる。

そのような「感覚」があったとすれば、それはいつ頃から発生したものか、ということを明らめることが次なる課題となる。それはそれとして、明治期の「総振仮名」という表記体は、手間という点においては、たいへんな手間であることはいうまでもなく、それが「書き手」と「振仮名の施し手」とを実際上分離してしまい、最終的にはそうした「分離」が、「振仮名は選択的（オプショナル）」という「感覚」、「心性」をうみだすということがあったのではないだろうか。そう考えると、例えば夏目漱石が、自身の作品が「総振仮名」で朝日新聞に発表することを充分に知りながら、原稿は「総振仮名」で仕上げていないことも説明できる。あるいは、テキストの印刷に際して、テキストの「書き手」ではなく、編集の場や印刷の場で、振仮名が「書き手」以外の人物によって施されるということも、実際そうするしかなかったということを超えて、それを認める「心性」があったということになる。こうしたことについては、ここでは問題提起にとどめ、今後、さまざまなテキストの具体的な様相を観察してさらに精密に考えていくこととしたい。

二－三－二　どのように写していたか

写本と版本とを対照することによって、どのように写していたかが推測できることがある。版本に「樹（き）に攀（のぼ）るとき。猿猴（さる）のごとく。水（みづ）を戯（およ）ぐとき河童（かつぱ）のごとく。草（くさ）に隠（かく）る、とき兎（うさぎ）のごとく。浴（ゆあみ）するとき烏（からす）に似（に）たり。」（十五ウ）という行りがある。この最後の箇所、写本には「浴（ユアミ）するとき烏（カラス）~~のごとく~~に似（ニ）たり。」と書かれている。これは「～のごとく」という表現が続いたので、はずみで「烏のごとく」と書いてしまい、それから版本をみて、すぐに訂正をしたものと思われる。このように、「書写原本」である版本を読みながら、すなわち音声化しながら、かつ文の展開を予測しながら書いている場合があることがわかる。

あるいは版本の「寐（ね）かしておけば」（十二オ三行目）の箇所、写本には「寐せかしておけば」とある。これもはずみで「寐せ」と書いてから版本のかたちに修正したものと思われる。版本の「く、ますれば」（十二オ五行目）の箇所を写本が「くくませ~~て~~すれば」と書いているのも、いったんは「くくませて」と（はずみで）書いてしまってから、修正をしたものであろう。「じれつたさ」（十三オ一行目）を写本は「じ~~や~~れれつたさ」と書いている。これは「ジレッタサ」と音声化したものを文字化するに際して、「ラ行音＋促音」を逆に「促音＋ラ行音」のかたちで書いてしまったものと推測する。版本の「世（よ）の中（なか）は」（十四オ四行目）を写本は「世中（ヨノナカ）は」と書いている。これはまず「ヨノナカハ」と音声化し、それを「世中は」と書いたものと思われ、語、もしくはそれよりも少し大きな単位を音声化してそれを文字化する場合があったと思われる。（ここでの「音声化」は実際に「声にだす」ということのみを意味していない）版本の「おほくは」（十六ウ三行目）を写本が「おゝくは」と写しているのも同様であろう。

版本の「糸（いと）をつけたれば」（十ウ六行目）を写本は「糸（イトヲ）つけたれば」と書いている。この箇所では、助詞「ヲ」を脱落させて写したことに、振仮名をつける時に気付いて、振仮名に脱落させた助詞「ヲ」を含めたと思われる。何行かを写してから、版本をみないで振仮名をつける、というような写し方はしていないことがわかる。しかし、その一方で、版本と写本との振仮名の異なりは相当数あって、版本の振仮名をそのまま写していたわけではなく、写し手が自身のいわば「感覚／判断」で振仮名を施している箇所が少なくないことが窺われる。それはやはり、振仮名が「本文」とは認識されていないということを思わせる。

「後妻(のちぞひ)」(二十六オ八行目)は、「ノチゾヒ／ノチゾイ」という語を書くにあたって、「後妻」という漢字列を使ったとみるのが自然で、「ノチゾヒ／ノチゾイ」という語を選択してから、書き方を決めたという「順序」がある。しかし、書写に際して、この振仮名が「ごさい」と変わってしまえば、選択された語が「ゴサイ」であったことになり、本文が変わったことになる。「本文が変わる」ととらえれば、それは大きなことがらであることになる。しかし、それが当該時期においては、「それでもよい」あるいは「本文は変わらない」ととらえられているのだとすれば、広義の「本文」は漢字列であることにもなる。語を(仮名ではなく)漢字で書くことに「公性」を求める「心性」は、ついには、漢字で書かれたかたちを「本文」とみるという「心性」をうみだす可能性もある。[註1] このことがらについては、さらに考えていきたい。

版本の「乳汁(ちち)ならでは」(十一ウ八行目)を写本は「乳汁(チヽ)ならてば」と写している。このことからすれば、「ナラデワ」を書くにあたって、「ならでは」と書いているのではなく、「ならては」と書いてから濁点を附けていると思われ、その際に、濁点を附ける位置を誤った例と推測する。「なら」と書いて、次に「で」と書くのであれば、濁点が「は」に附くことはない。そうであるとすれば、「濁音仮名」「で」があるのではなく、「て」に濁音を附ける」という「感覚」があったことになる。「後からつける」のだから、濁点は「選択的(オプショナル)」なものであることになる。

二―三―三　本文の異なり

振仮名の異同については次節で採りあげることにして、それ以外の異同について「本文の異なり」とみなし、本節で扱うことにする。版本と写本との「本文」の異なりにはさまざまなものがみられる。ここでは、その幾つかを採りあげる。

版本の「まづい物(もの)はなし」(五ウ一行目)が写本においては「まづい物(モノ)なし」と書かれている。ここでは助詞「ハ」が脱落している。「線香(せんかう)を食(くら)ふ」(十六オ九行目)は「線香(センカウ)食(クラ)ふ」と写されていて、ここでは助詞「ヲ」が脱落している。「数百字(すひやくじ)を習(なら)ひ」(十八オ二行目)も「数百字(スヒヤクヂ)習(ナラ)ひ」と写されており、ここでも助詞「ヲ」が脱落している。

このような、助詞「ハ」「ヲ」の脱落を、単なる誤写、つまり不注意による写し損ないとみることはもちろんできる。こうしたことがらについては、拙書『文献から読み解く日本語の歴史［鳥瞰虫瞰］』(二〇〇五年、笠間書院刊)において述べた。そこで述べたように、十六世紀頃には、古典語(つまりは古代語)においては格助詞を使わなかった主格や対格に格助詞を使うことが常態(にちかい状況)になっていたとすれば、助詞「ヲ」を脱落させた写本は、書写原本を「とびこえて」古い形式を示したことになる。なぜそのようなことが起こるのか。

金水敏は、結局「「を」付き目的語と無助詞目的語との違いは、格システムの決定的な変化とは言えないことが分かる。平安時代から現代まで、無助詞名詞句による主語・目的語の表示は潜在的に(おそらく大部分の方言で)可能であったと仮定できる」(二〇一一年、岩波書店刊、シリーズ日本語史3『文法史』一一〇頁)と述べる。最初の観察としては当然のこととはいえ、これまでの歴史的な観点からの日本語の観察は、目にみえる形式がどのように変化してきているかということにややとらわれてきていたようにも思われる。「目にみえる形式」の推移を正確に把握できなければ、「その先」はないが、それが正確に把握できたとすれば、その背後にある／あった言語のシステムも「目にみえる形式」と同じように変化し、推移しているのかを見極める必要が当然ある。金水敏は、「無助詞名詞句による主語・目的語の表示」に関して、「目にみえる形式」はおおむね「無助詞→助詞使用」に推移しているようにみえるが、背後にある「格システム」は変わらないということを指摘した点で貴重なものと考える。稿者の表現を使えば、このことがらは「いついかなる時でも起こり得る」言語現象であったことになる。

写本は表音的表記を露出させることが少なくない。版本はかなり濁点を使用しているが、それでもすべての濁音音節に濁点が附されているわけではない。版本に附されていない濁点を写本が附すことは少なくない。版本の「そなたは」（八オ二行目）を写本が「そなたわ」と写すように、助詞「ハ」に仮名「わ」をあてることも少なくない。版本は「ぢ・じ／ず・づ」を（どのように使うかはともかくとして）使うが、写本はほぼ「じ・ず」のみで写す。版本は「古典かなづかい」を使うが、写本では表音的表記を使うことが少なくない。しかし、写本は全体的にみれば、版本をかなりな程度精密に写そうとしているとみえる。先に採りあげたように、場合によっては、版本の異体仮名をそのまま使うこともあり、また、漢字字形をかなり似せて書くこともある。先には、写本が版本を写していると判断した、いわば「証拠」を挙げたが、両本を対照していけば、写本が版本を写していることは「実感」できる。それだけ、両本は「近さ」を感じさせる。

写本の書き手が、自身の伎倆の範囲内において、できるだけ版本そのままに写そうとしていたのだとすれば、濁点を附けるか附けないか、「四つ仮名」も含めて「古典かなづかい」を使うか使わないかなどは、気にしていなかったことになる。つまり版本の「うたひながら」（十一オ八行目）を「うたいながら」と書いても、異なる書き方をしたとは思っていなかったということになる。そうであるとすれば、「かなづかい」ということがらも、それが「本文」の重要な要素と認識されている場合と、そうでない場合とがあることになり、そうしたことにも留意していく必要がある。この写本のかなづかいを調べて、「古典かなづかい」と一致していない、と主張しても、それは事実の報告以上の意義をおそらくもたない。その報告に意義をもたせようとするのであれば、どのようなところには「古典かなづかい」が使われ、どのようなところには使われないのかという、その「濃淡」を描くことであろう。ただし、本稿ではそこにはふみこまないことにする。

例19・20には注目したい。例19は版本の「雨(あめ)に濡(ぬ)れず」(十オ十行目)を写本が「雨(アメニ)濡(ヌ)れず」と写した例である。現象だけみれば、助詞「ニ」を脱落させて写してしまったことに、振仮名を施す際に気づいて、助詞「ニ」も含めた振仮名を施したようにみえる。そうである可能性もある。しかし、「アメニヌレズ」は「雨濡れず」と書くことができる、そういう書き方でも充分であるという意識がなかっただろうか。助詞「ニ」は漢字「雨」「濡」に圧縮されて省かれた。あるいは「雨」に吸収されているとみることはできないだろうか。これを広義の漢文風の書き方といってもよい。

拙書『文献日本語学』(二〇〇九年、港の人刊)の第三章において、「埋め込まれる「ノ」」と題して「ツチヤノサブロウ」という固有名詞が漢字で「土屋三郎」と書かれた場合は、「ノ」が埋め込まれたとみ、そこからさまざまなケースについて述べた。漢字列+漢字列の「圧力」という表現もした。そのような現象にみえる。

一六一一年に長崎で刊行されたキリシタン版『ひですの経』に「加之、物によりては当座に/用る為となり、物によりては程経て後の蓄へとなる者也。又、物によりては/身命を養ふ為となり、物よりては只慰みとなるのみ也」(二十六オ六行目)と印刷された箇所がある。「物によりては」が繰り返され、最後が「物よりては」であるので、「物」の次に「に」が脱落しているとみるのが自然であろう。しかしまた、「物」に「に」が吸収されているというみかたもないではない、とも考える。例20も同様の例である。こうしたことがらについてはそうであるという「証明」が難しい。今後とも同様の例、またこうした現象についての情報を蓄積していきたい。

ここまでで採りあげなかった例を中心にして、巻一を対照した結果を参考のために次に掲げておく。紙幅の都合もあるので、省いた例がある。

	版本	写本	所在
1	席薦一畳(たゝみいちぢやう)	席薦(タ、ミ)も一畳(イチジヤウ)	五ウ六行目
2	所(ところ)が	処(トコロ)が	六オ六行目
3	借倒(かりたふ)さず	借例(カリタウ)さず	六オ八行目
4	授(さずか)つたたけの	授(サズカツタ)つただけの	六オ八行目
5	吸物碗(すひものわん)	吸物椀(スイモノワン)	六ウ三行目
6	昔堅地(むかしかたぢ)	昔堅池(ムカシカタジ)	六ウ三行目
7	生(なま)ものじり	生(ナマ)ものしり	六ウ四行目
8	薬(くすり)はなし	薬(クスリ)わなし	七オ一行目
9	はつちり	ぱつちり	八オ二行目
10	そなたは	そなたわ	八オ二行目
11	浦嶋仙人(うらしませんにん)	浦島仙人(ウラシマセンニン)	八オ九行目
12	情愿(ねがひ)	情感(ネガイ)	八オ十行目
13	乗(の)つて	乗(ノ)りて	九ウ一行目
14	見たやうに	見たように	九ウ四行目
15	境(さかひ)	堺(サカイ)	十オ二行目

16	古（ふる）めかしいから	古（フル）めかしから	十オ二行目
17	おのづから	おのずから	十オ四行目
18	雨（あめ）に濡（ぬ）れず	雨（アメニ）濡（ヌ）れず	十オ十行目
19	日（ひ）に曝（さら）らされず	日曝（ヒニサ）らされず	十オ十行目
20	疲（つか）れず	つかれず	十オ十一行目
21	のみぞ遺（のこ）りける	遺（ノコ）りけり	十ウ三行目
22	仙人（せんにん）になりすました	仙人（センニンニ）なりすました	十ウ八行目
23	至（いたり）て	至（イタ）り	十二ウ六行目
24	犬（いぬ）をわん〳〵といひ	犬（イヌ）をわんわといひ	十三オ十行目
25	あつかともいひ	あつかといひ	十三オ十一行目
26	暁（さとつ）て	暁（サト）りて	十四オ七行目
27	縫（ぬ）ひあげ	逢（ヌ）ひあげ	十五ウ一行目
28	おほくは	おゝくは	十六ウ三行目
29	無事（ぶじ）也	無事（ブジ）なり	十六ウ九行目
30	類（たぐひ）	類（ルイ）	十七オ四行目
31	三歳（さんさい）にして	三才（サンサイ）にして	十七オ十一行目
32	五才（ごさい）	五歳	十七オ十一行目
33	なほらふかと	なぼらふかと	十九オ四行目
34	こちへはとらぬ	こちへとらぬ	十九オ七行目
35	抜参（ぬけまいり）と	抜参（ヌケマイ）りと	十九オ十一行目
36	果（はつ）るは	果（ハツ）つるは	十九ウ三行目

37	幼少（ようせう）より	幼少（ヨウセウ）より	十九ウ六行目
38	いとまあるときは	いまとまあるときわ	十九ウ七行目
39	稚幻（おさなき）	稚幼（ヲサナキ）	十九ウ十行目
40	乾（ほ）させ	朝乾（ホ）させ	二十ウ三行目
41	三月は節供（せつく）まへから	三月節供（セツク）まへから	二十一オ一行目
42	折（をり）そえて	折（ヲリ）もたせ	二十一オ七行目

二-四　振仮名について

写本の振仮名は、ある程度のまとまりを書いてから（場合によっては、版本の振仮名を確認することなく）施された場合があると前提する。そうすると、版本と写本とで、振仮名が異なる箇所は注目点となる。

まず「思へば」（版本五ウ四行目）や「見て」（版本五ウ九行目）のように、版本が振仮名を施していない場合がある。動詞「オモウ」「ミル」にあてた「思」「見」には振仮名が施されていないことが多い。これは版本の「判断」と思われる。こうした場合であっても、写本は振仮名を施している。したがって、写本は（版本の振仮名を写している場合は当然あるとして）つねに版本の振仮名を写しているわけではないことがわかる。

一方、版本に振仮名があるにもかかわらず写本が振仮名を施していない場合がある。版本の「ぼろ三匁（さんもんめ）にほかふま／れいでも。麻上下（あさがみしも）は麻上下（あさがみしも）。」（五ウ九行目）を写本は「ぼろ三匁（サンモンメ）／にほかふまれいでも。麻上下（アサカミシモ）は麻上下。」と写している。ここでは隣接する同じ漢字列には振仮名を施していない。こうした箇所は数多くみられる。現在では、振仮名を施す場合に、同じ漢字列が繰り返し使われている場合には、最初の箇所のみに振仮名を施すということがなされることがある。そこまで徹底していないけれども、「発想」は似通っている。

「火面(ひづら)」(版本五オ四行目)が写本では「火面(カメン)」と写され、版本の「色紙(しきし)」(五ウ十行目)が写本に「色紙(イロカミ)」と写されるなど、版本の和語(振仮名)が写本では漢語(振仮名)とされ、版本の漢語(振仮名)が写本では和語(振仮名)とされることが少なからずある。これは、先に述べたように、写本の振仮名を施すにあたって、一つ一つ丁寧に版本の振仮名を確認していないための現象と思われる。このことをさらに考えてみれば、(そのような語形が実際に存在していたかどうかはひとまずは措くとして)漢字列を挟んで、その両側に漢語と和語とがあったという「事実」あるいは、ある、という「認識」を示しているともいえよう。こう考えると、発音できる語形があって、それを文字化する、というプロセスを通常のプロセスとみることはいうまでもないが、そうしたプロセスとは別な次元に、漢字列を置くことも考える必要があることになる。山田俊雄が「西欧的言語学における音声言語・書記言語の二つのレベルをもってして、必ずしも論じ切ることのできない側面を、日本語が包蔵している」(一九七八年、中公新書四九四、『日本語と辞書』一六三頁)と述べた、その「論じ切ることのできない側面」を冷静に、しかも説得力のある言説として述べることはひろく今後の課題といえよう。

写本全体において、表音的表記が優勢なことは先に述べたが、振仮名も表音的に傾くとみえる。版本の振仮名には附されていない濁点を使って、濁音音節を(積極的に)示すことはその表われの一つといえようが、版本の長音形を短呼形として示すことが少なからずある。「抹香(まつかう)」(五オ七行目)の振仮名を「マツコ」とし、「一生涯(いつせうがい)」(六ウ四行目)の振仮名を「イツシヨカイ」、「一生(いつせう)」(九ウ五行目)の振仮名を「イツシヨ」、「大将(たいせう)」(十オ五行目)の振仮名を「タイシヨ」、「少年國(せうねんこく)」(十オ七行目）の振仮名を「シヨネンコク」「頂上（ちやうぜう）」（十一オ二行目）の振仮名を「チヤウジヨ」とするなど、多くの例を見出す事ができる。写本が表音的に書かれていることからすれば、これらの短呼形は写本が書かれた明治十九年頃の発音（あるいはより慎重にいえば、写本の書き手の発音）を示していることになる。このような語形が実際に行なわれていても、文字化するに際しては、標準語形を書くということが充分に考えられ、そこに「書きことば」の「書きことばとしてのありかた」が示されているともいえよう。しかし、「はなしことば」がどのようなものであったかということをどこまでも追及するのであれば、こうした「書きことばとしてのありかた」がどのようなものであったかということを明らかにしていく必要がある。

また版本「櫓（ろ）」（六ウ六行目）を写本が「櫓（ロウ）」と写している場合や版本の「亭主（ていしゆ）」（十四オ三行目）を写本が「亭主（テイシウ）」と写している場合もあり、版本の長音形を写本が短呼形で写しているとばかりはいえず、結局は長音形短呼形ということそのものの「揺れ」とみるべきであろう。こうした現象は「ボール表紙本」などでも観察することができ、明治期においては珍しい現象とはいえない。しかしそうはいっても、こうした例を「露出」する文献は多いとはいえない。「はなしことば」をどのように文字化しているかということも考えておかなければならないが、書き方として、文字化しにくい語形、書き手の意識として文字化されにくい語形など、さまざまな面から考えておく必要がある。

そしてまた、こうした現象を「明治期に特徴的な現象」とみるのか、そうではなくて、「いついかなる時でも起こり得る現象」とみるのかについては、さらに慎重に文献の観察を蓄積していく必要がある。臆測をいえば、後者ではないかと現時点では考える。

また「行燈（あんどう）」（十六オ八行目）の振仮名が写本で「アンドン」であること、「孝心（こうしん）」（二十五ウ九行目）の振仮名が写本で「コンシン」とあることは、長音と撥音との交替と（少なくも現象的には）みえる。

版本の「手拭（てのごひ）」（六オ一行目）は写本の振仮名は「テヌグイ」となっており、語形が異なる。「頭（かしら）」（七オ四行目）の写本の振仮名は「アタマ」となっている。「睡（ねぶら）ざれども」（十オ十行目）の振仮名は写本では「ネム（らざれども）」であるし、「集（あつむ）れども」（十五ウ十行目）の振仮名は写本では「アツメ（れども）」であるし、「燈（ともしひ）」（十五ウ十一行目）の振仮名は写本では「トモシミ」である。これらの例は、（単純なる誤写という可能性をそれぞれにもちながら）版本とは異なる語形の振仮名が写本において施された例ということになる。

右で採りあげた以外にも、さまざまに興味深い例があるが、紙幅の都合もあるので、参考のために、ここまでで採りあげられなかった巻之一の例の幾つかを挙げておく。例の所在は版本の丁数と行数とで示す。

	版本漢字列	振仮名	写本漢字列	振仮名	所在
1	火宅	くわたく	火宅	カタク	五オ三行目
2	音	おと	音	ヲト	五オ五行目
3	口説つ	くどき	口説つ	クゼ	五オ五行目
4	他の物	ひと（の）もの	他の物	タ（の）モノ	五オ八行目
5	金銭	きんせん	金銭	キンゼン	五オ八行目
6	飲食	のみくひ	飲食	ノミクイ	五オ十行目
7	毛唐人	けたうじん	毛唐人	ケトウジン	五ウ一行目
8	初鰹	はつかつを	初鰹	ハツガツ	五ウ二行目
9	街道茶漬	かいどうちやづけ	街道茶漬	カイトウチヤズケ	五ウ二行目
10	通る	とほ	通る	トウ	五ウ二行目

11	同様	どうやう	同様	ドウヨウ	五ウ三行目
12	赤裸	まつはたか	赤裸	アカハタカ	五ウ八行目
13	帯	おび	帯	ヲビ	五ウ十一行目
14	女	をんな	女	オンナ	六オ一行目
15	事	ナシ	事	コト	六オ一行目
16	物羨み	ものうら(み)	物羨み	モノウラヤ(み)	六オ三行目
17	畢竟	ひつきやう	畢竟	ヒツキウ	六オ六行目
18	整る	と丶のふ(る)	整る	トトノウ(る)	六オ七行目
19	青表紙	あをひやうし	青表紙	アヲヒヨシ	六オ九行目
20	風流	ふり	風流	フウリウ	六オ九行目
21	天道	てんとう	天道	テンドウ	六オ十行目
22	金	かね	金	なし	六オ十行目
23	多く	おほ(く)	多く	ヲ、(く)	六オ十一行目
24	下直	げぢき	下直	ゲジキ	六ウ二行目
25	夢想兵衛	むさうひやうゑ	夢想兵衛	ムソウヒヤウエ	六ウ四行目
26	青海原	あをうなばら	青海原	アヲウミバラ	六ウ八行目
27	理	ことわり	理	コトハリ	七オ八行目
28	楫	かぢ	楫	カジ	七ウ九行目
29	他の為	ひと(の)ため	他の為	シト(の)なし	九ウ八行目
30	少年國	しようねんこく	少年國	シヨネンコク	十ウ四行目

31	もち出(いだ)し	も(モ)ち出(イダ)し	十ウ九行目
32	待折(まつをり)から	待折(マチヲリ)から	十ウ十行目
33	短(みぢか)かりし糸(いと)	短(ミジカト)じかかりし糸	十一オ一行目
34	ぞよ〳〵と	ぞや(ヨ)〳〵と	十一ウ一行目
35	僅(はづか)に	僅(ハズカ)に	十一ウ一行目
36	水子村(みづこむら)には	水子村(ミズゴムラ)には	十二オ六行目
37	爺々命(と丶のみこと)	爺々命(ト丶ノカミ)	十二オ七行目
38	分身(ふんじん)して	分身(ブンシン)して	十二オ十一行目
39	拭(のご)ふ	拭(ノグ)ふ	十四オ九行目
40	不教嶋(をしえずしま)	不教嶋(フキヨシマ)	十四オ十行目
41	迷子札(まよひこふだ)	迷子札(マヨイゴフタ)	十五ウ一行目
42	小判形(こばんなり)	小判形(コバンカタ)	十五ウ二行目
43	四方(しほう)	四方(ヨホウ)	十五ウ二行目
44	忘(わす)れて	忘(ハス)れて	十五ウ八行目
45	人形(にんぎやう)の	人形(ニンギヨ)の	十六オ一行目

46	障子(せうじ)を	障子(シヨジ)を	十六オ八行目
47	そら泣(なき)を	そら泣(ナキ)きを	十六オ十行目
48	臀(しりこぶた)を	臀(シリブタ)を	十六ウ一行目
49	管領(かんれう)し	管領(カンリヨ)し	十六ウ四行目
50	両親(りやうしん)	両親(リヨシン)	十六ウ五行目
51	着(き)たるま丶で	着(キタル)ま丶で	十七オ六行目
52	いにしへの人	いにしへの人(シト)	十七ウ十行目
53	吭(のど)をならして	吭(ノゾ)をならして	十八オ九行目
54	大根(だいこ)	大根(ダイコン)	十八ウ八行目
55	辷(すべつ)て	辷(スデツ)て	十八ウ九行目
56	主(しゆう)に	主(シユ)に	十九オ四行目
57	買出(かひだ)しは	買出(カイタシ)しは	十九オ六行目
58	わる業(ごう)が	わる業(ギヨ)が	十九オ十一行目
59	読書筭筆(とくしよさんひつ)	読書筭筆(ヨミカキサンビツ)	十九ウ六行目
60	天晴(あつはれ)	天晴(アツバレ)	二十オ二行目
61	髪(かみ)の結(ゆひ)やう	髪(カミ)の結(ユウ)やう	二十ウ十行目
62	貧乏樽(びんぼうたる)	貧乏樽(ビンボダル)	二十一ウ三行目

63		横領(わうれう)せらるゝ		横領(ヲ、リヨ)せらるゝ	二十三ウ三行目
64		店(たな)がえ		店(ミセ)がえ	二十三ウ十一行目
65		両親(りやうしん)		両親(リヨシン)	二十四オ二行目
66		尊敬(そんきやう)		尊敬(ソンキヨ)	二十四オ二行目
67		人気(じんき)		人気(ニンキ)	二十四オ六行目
68		教(をしゆ)れば		教(ヲシエ)れば	二十六オ二行目

ここでは、江戸期に出版された版本を明治期に写した写本を採りあげた。文学研究においては、このような写本は一顧だにされないであろう。しかし日本語の観察ということにおいては興味深い文献といえよう。大枠としていえば、江戸期の日本語も明治期の日本語も近代語といってよい。しかし、その近代語の中においても、さまざまな変化がある。そうしたことをはっきりとしたかたちで窺うことができる点でまず興味深い。さらにいえば、さまざまな面において、過去の言語システムを検証する手がかりも与える場合があると考える。

第三節　手書と印刷と

第二節においては、江戸期に印刷出版された版本を明治期に書写したテキストを採りあげた。したがって、文字化という面からいえば、印刷によって文字化されたテキストを手書によって文字化する場合ということになる。第三節においては、手書されたテキストと印刷されたテキストを対照してみることにする。こうしたことがらについては、本講座第三巻「二つのテキスト(下)明治期の文献」第一章「江戸期から明治期への移行」において、さらには第七巻「ボール表紙本」第一章「幕末から明治へ」において述べている。本節においては、稿者が所持する『柳荒美談』(書写年時不明全十冊写本)とボール表紙本『繪本柳荒美談全』(明治十九年四月刊)との対照を試みる。写本の書写年時は不明であるが、ボール表紙本を写したものとは考えにくく、写本がボール表紙本に先行していると前提して考えを進めることにする。なお、写本には「越後見附　浅藤」の印がおされ、表紙見返しには「柳荒美談／十札内／浅藤用」と墨書されている。まず写本巻之一の冒頭の「荒木《あらき》又右衛門由緒《よいしよ》之事／并丑《うし》之助生立《おへたち》之事」の条を翻字する。

抑《そもく》　荒木又右衛門か由緒《よいしよ》をたゞす所元来《くはんらい》伊賀國《ぃがのくに》
山田郡《こほり》　のうち荒木村といふ辺土《へんと》の郷士《がうし》にて代々《たへく》
村長《むらおさ》を勤《つと》め田畑をおふく所持《しよぢ》し何ふそくなく
くらせし所天正《てんしやう》十年六月二日織田信長公《おだのふながこう》京
都本能寺《とほんのうじ》において明智日向守光秀《あけちひやうかのかみみつひで》がために
御生害《こしやうがい》ありし時　東照宮《とうしやうぐう》様は折《おり》あしく
御上洛《しやうらく》あそばし堺《さかへ》　の町《まち》に御逗留《とうりう》ありし所に(一丁表)
すは京都《きやうと》の一乱《らん》と申すゆへおどろかせ給ひわづ
か四十人あまりの御人数《にんず》にて伊賀路《いがぢ》を経《へ》て御
帰城《きじやう》あらんとせしに道中《とうちう》の御難多《ごなんおふ》く是《これ》を

伊賀の御難《こなん》と申なりそれより江州《ごうしう》多羅尾《たらを》
谷《たに》の四郎兵衛方へ御入りあそはし飢《うへ》を御しのき有
りまた〳〵伊賀《いか》へかゝらんと遊《あそ》はす折《をり》から百姓
一揆《き》おこり立今はあやうき事薄氷《はくひやう》を踏《ふむ》かご
とし此時多羅尾《たらを》四郎兵衛は御先《さき》をうち一揆《き》を
うかゞふに荒木村の名主《なのし》又右衛門と申ものもと
より入魂《じよこん》なるものにより是を近《ちか》づけ利害《りかい》(一丁裏)
を説《とへ》て　神祖《じんそ》をすくひ奉らんといふゆへ荒
木又右衛門も　尤《もつとも》とやおもひけん一揆《き》をなだめてか
こみをひらき　東照宮《とうしやうぐう》様を伊賀の白子《しろこ》の
方へ落《おと》し奉る　神祖《しんそ》はやう〳〵白子へ御入り有
て角屋《かとや》七郎□が忠節《ちうせつ》により御舩《ふね》にめさるゝ所に
又〳〵才□《さへのき》九郎兵衛が御難《なん》あり是をも七郎□
がはからひにてなだめとふ〳〵遠州《いんしう》へ御帰城《きしやう》
あそばさる其後《そのゝち》多羅尾《たらを》四郎兵衛召出《めしいた》されける
ゆへ今以て代々《たへ〳〵》御代官《たへくはん》を相《あへ》つとめ高《たか》千六百
石を頂戴《てうだへ》す然るに荒木《あらき》村の又右衛門は正直《しやうじき》の(二丁表)
生《むま》れにてやはり故郷《こきやう》に住居《しうきよ》いたし度《たし》との願《ねか》ひ
ゆへ屋敷地《やしきち》ばかり下され苗字帯刀御免《めうじたいとうごめん》の郷《ごう》

士《し》と成て荒木《あらき》又右衛門と号《がう》す其孫《まご》又右衛門
敵討《かたきうち》をして高名《かうめへ》なるものなり天正時代《じだい》又
右衛門は極辺土《ごくへんど》の生《むま》れ他国《たこく》へ出《いつ》る事をきらへて
侍《さむらへ》に成《な》らす郷士《ごうし》と成て田畑八拾五石余所持《しよち》
し男女《なんによ》大勢召《せへめし》つかひ村中のものにうやまはれ
くらしけるそのゝち一男子《なんし》をもふく是を彦太《ひた》
夫《ゆふ》と名付《なつけ》て跡式《あとしき》をゆづり隠居《いんきよ》しほどなく
病死《ひやうし》しける悴《せかれ》彦大夫も父又右衛門に似《に》て（二丁裏）
生得《しやうとく》けつはくゆへにます〱繁昌《はんしやう》しけるこれ
二代目彦大夫なり此もの同村より妻女《さへじよ》を迎《むか》へ
夫婦《ふうふ》の中《なか》に男子《なんし》をもふく是を幼名丑《やうめへうし》之助
と名付《なつけ》たり慶長《けへてう》六年丑歳正月の出生《しうつしやう》ゆへ
丑之助と名《な》づけしならん関《せき》が原《はら》大合戦《かつせん》の
翌年《よくねん》の事にて日本中のさはぎもやう〱に
おさまりまづ目出度《めでた》しと申は此とし也これ
より関東《くはんとう》のいきほひつよく京都《きやうと》に所司代《しよしたい》を
置《おへ》て五畿内《きなへ》の事は申に及《およ》はず中国西国迄
政事《せへじ》をこと〲く京都《きやうと》にて吟味《きんみ》さはきをな（三丁表）
す　徳川家《とくかはけ》にて所司代《しよしたへ》をおくのはじめ慶《けへ》

長六年天下一統《とう》関東《くはんとう》の威勢《いせへ》になびき同《おな》じく
八年に　東照宮《とうしやうくう》様を征夷大将軍《せへいたいしやうくん》に任《にん》
し給ふ扨《さて》また丑之助か生《むま》れ立《たつ》を見るところ
よのつねの子供《こども》とは違《ちか》ひ骨《ほね》ふとくして大丈《じやう》
夫《ぶ》の相好《さうがう》自然《じねん》と勇あり彦《ひこ》大夫かよろこび
大かたならず蝶《てう》よ花《はな》よとそだてたのしみ
けるがはやくも年月おしうつり丑之助六
才に相成りける子供《こども》の遊《あそ》ひにも竹馬《たけむま》に乗《の》り
或《ある》ひは竹刀《ちくとう》にてやつとう〳〵と試合《しあへ》の真似《まね》を（三丁裏）
なす事毎日《まへにち》〳〵ならむかし孔子《こうし》聖人《せへじん》は生《むま》れ
て子供《こども》の遊《あそ》びをなすに俎豆《そとう》をつらね礼《れへ》やう
をもふくと論語《ろんご》の序《じよ》に見へしはことはりなる
かな天地開闢以来《てんちかいひやくいらへ》の聖人《せへじん》たり生《うま》れ落《おち》し
より凡人《ぼんにん》あらざる事は人の知《し》らざる所なり丑《うし》
之助も孔子《こうし》とは事かはれとも朝夕竹《てうせきたけ》刀を以《もつ》てうち
あふ遊《あそ》びは希代《きたい》なりと父《ち》の彦大夫も是を見て
心《こゝろ》のうちに我父《わがち》は天正十年の乱《らん》に侍《さむらへ》にめし
出さるべきと御辞退《じたい》申上しは残念《さんねん》なり屋敷地《やしきち》の
み拝領《はへりう》して郷士《こうし》とは申せどもあわれ悴《せかれ》丑之助か（四丁表）

躰《てへ》を見れは天然《てんねん》と武藝者《ぶけへ》の真似《まね》をなすこそ頼《たの》
もしく子《こ》を見る事親《おや》にしかずと往《よく》々は
武士《ぶし》になしたく世《よ》のことはざにも花《はな》はさくら
木《き》人は武士《ふし》と申とかや其後《のち》慶長《けへてう》十二年の十一
月十五日は丑之助か七才の祝《いわ》ひに付酒肴《しゆかう》を多《おふ》
く用意《やうい》をなし村中のものを集《あつ》め目出度いわ
ひをなす當時《たうじ》江戸《いと》にては五歳にて袴着《はかまぎ》と
申をいわひけれとも在〳〵《ざへ》辺土《へんど》にては男女とも七才
のとしをいわふが田舎《いなか》の風義《ふうき》なり扨又慶長《けへてう》
十一年　東照宮様　大御所様《おふごしよさま》と申奉り二代目(四丁裏)
台徳院《たいとくいん》様を将軍《しやうぐん》に任《にん》し給ふその翌年《よくねん》十二年
は丑之助か七才の祝《いわ》ひ此時丑之助は父《ちゝ》彦大夫が
前《まへ》に出て申すやう私《わたくし》は剣術《けんしゆつ》を覚《おほ》ひたく存
じ候けいこをさせて下されよといへしは不思儀《ふしき》
なり父彦大夫これを聞《きへ》て心中《しんちう》によろこひ栴《せん》
檀《たん》は二葉《ば》よりかんばしき匂《にを》ひあり虎《とら》は生れて
百日立と獣《けもの》をとり喰《くら》ふおそろしや我子ながら
七才にて剣術《けんしゆつ》を覚《おほい》んことを願《ねか》ふは感《かん》にたへ
たりと心《こゝろ》のうちに悦《よろこ》ひけり

右においては、「代々《たへく》」「堺《さかへ》」「頂戴《てうだへ》す」「高名《かうめへ》」「きらへて侍《さむらへ》に」「大勢《せへ》」「妻女《さへじよ》」「幼名《やうめへ》」「慶長《けへてう》」「置《おへ》て五畿内《きなへ》の事は」「政事《せへじ》」「所司代《しよしたへ》」「五畿内《きなへ》」「威勢《いせへ》」「征夷大将軍《せへいたいしやうくん》」「試合《しあへ》」「毎日《まへにち》」「孔子聖人《こうしせへじん》」「礼《れへ》」「天地開闢以来《てんちかいひやくいらへ》の聖人《せへじん》」「侍《さむらへ》」「拝領《はへりう》」「躰《てへ》」「在《ざへ》〳〵」「いへしは」と書かれている。和語、漢語にかかわらず、「イ」と発音すべき箇所を「エ」あるいはそれにちかく発音し、それを「へ」をもって書いた例と推測される。「ユエ」を「ゆへ」と書き、「ミエシ」を「見へし」と書いていることからすれば、「エ」と発音すべき箇所を「イ」あるいはそれにちかく発音することはない、すなわち「イ」と「エ」とが混乱しているのではなく、本来の「イ」を「エ」にちかく発音していると思われる。ただし「遠州《いんしう》」もある。当該例は、現象としては「エンシュウ」を「いんしう」と書いた例で、発音「エ」の「い」表記ということになるが、こうした例は、他には「覚《おほ》ひたく」「覚《おほい》んこと」の二例がみえるのみで、誤った類推の可能性を考えるべきであろう。

冒頭にみえる「由緒《よいしよ》」は「ユイショ」を「よいしよ」と書いたものであるが、他に「往々《よく》は」もみられ、これらからすれば「ユ」と「ヨ」との発音上の接近を思わせる。しかしまた、「名主《なのし》」がみえることからすれば、母音［ɛ］と［o］とが交替しやすかったか。

「キライテ」を「きらへて」、「イイシワ」を「いへしは」と書いていることからすれば、「本文」も（顕在的にか潜在的にかはわからないが）発音しながら文字化する場合があったと覚しい。そしてまた、「本文」にも振仮名にも右のような書き方がみられるところからすれば、「本文」を書いた人物と振仮名を施した人物とは同じであると判断できる。

ボール表紙本は次のような「本文」になっている。漢字字体は保存せず、振仮名を省いて翻字を示す。

仰々荒木又右衛門吉村が先祖といふは勢州山田郡荒木村と云処の郷士にして代々村長を勤田畑をも多く

所持し何不足なく生計けるが其根元を尋るに頃は天正十六年六月二日織田右大臣信長公中国征伐として上洛まし〳〵京都本能寺を御旅館とせられし処其臣明智光秀が為に終に御生害まし〳〵けるが其頃は徳川家康公にも泉州堺にまし〳〵京都の大変を打聞れ大に驚せ給ひ主従僅百有余人にて伊賀路より遠州へ御帰城有ける途中所々にて農民一揆起りける故道を変て江州多羅尾谷の四郎兵衛と云る者方へ御出遊し飢を凌がれ又伊賀越へと掛らせ給ふ処又〳〵農民一揆起り立家康公の御身も今は早危く見えさせ給ひしに此時多羅尾四郎兵衛も御供にて先に立一揆の動静を窺ひけるが荒木村の名主又右衛門と云るは元来入懇なりければ是を呼近付て利害を説家康公を救ひ奉つらんと云ければ又右衛門も是に同意やしたりけん一揆の農民等を宥め賺し囲みを開きて家康公を易々と通し奉つりけるにより御恙なく遠州浜松へ御帰城まし〳〵ける斯く其後多羅尾四郎兵衛は召出され御褒美を賜り今に御代官を勤続し禄高千六百石を領しける然るに此時荒木村又右衛門も召出されしが生得の正直なれは依然我古郷に住居し度旨願けれは屋敷計を下され苗字帯刀を免され郷士となり荒木又右衛門と号しける其嫡孫は彼伊賀の上野に於て復讐をなし名を天下に挙し又右衛門吉村なり然ば天正年中の又右衛門は斯の如き辺鄙に成長ば他国へ出る事を嫌ひ武士には成ずして郷士となり田畑百石の余を所持し男女大勢を召使ひ村中の者に敬はれて生計けるうち男子を設け是を彦太夫と名称跡式を譲り其身隠居と成しが程なく病痾に冒され終に病死成たりける彦太夫も父に似て如何も実直なりければ是又村中の上に立て用ひられける故其家倍々繁昌なしにける是即ち二代目なり此彦太夫は同村の何某より妻を迎へ夫婦間も睦しく慶長六年丑の正月丑之助といふ男子を儲ける是関ヶ原大合戦の翌年にて日本国中の騒擾も漸々沈静し何国も太平を祝しける時なりけり是より関東の勢威愈々強く京都に所司代を置五畿内を初め四国中国九州迄悉皆政事を京都にて執行ひける此時の所司代は奥平美濃守信昌侯にて是所司代の始めなり徳川家康公慶長六年に天下一統まし〳〵同く八年

遂に征夷大将軍に任じ給ふ却て説彼荒木丑之助は生れ立尋常の小児とは違ひ骨太にして逞しく相合に自然と勇気顕れければ父彦太夫の喜び大方ならず蝶よ花よと養育ける内はや年月も疾経過て丑之助が六歳の春に到りし頃は竹馬に乗或は竹刀を以て試合の真似をなし遊ぶ事只一日の如くなり昔孔子生て小児の遊戯をなすに俎豆を陳ね礼容を設くと論語の序にも見えたりしが実に天地開闢以降の聖人生れ落るより尋常の小児と違ふも理道なり彼丑之助も孔子と其性を異にすれども朝夕竹刀を以て試合しける其遊戯は奇代なりとて彦太夫は是を見て心の中に思うやう我父天正十年の兵乱に武士に召出さるべきを御辞退申上しは残念なり然るに今悴丑之助の体を見るに天然と武芸の真似を為社頼母敷子を見る事親に如じとかや往々は武士になし度花は桜木人は武士なりと最頼母敷生育ける斯て慶長十二年十一月十五日は丑之助が七歳の祝年成とて美酒佳肴を用意し村中の者を悉皆呼集め目出度祝儀をなしにける江戸にては男子は五歳にて袴着とて祝へども在郷辺土にては男女共に七歳を祝年としける是田舎の風儀なり此日丑之助は父彦太夫の前に跪づきて申様拙者は剣術を修行致し度存候が何卒稽古をさせ下されと願けるを彦太夫は聞て栴檀は嫩より芳馨き匂ひ有虎は生れて百日を経過ば獣を取食ふとかや我子ながらも今年七年にして剣術を学ばん事を願ひけるは実に感ずるに余有と心中大に喜悦ける

両者を対照とするとすぐにわかるように、両者の「本文」にはやや「距離」がある。つまり、ボール表紙本は写本のような「本文」をもとにして「本文」をつくったのではないことはいえよう。しかし、その一方で、両者にはかなりな程度の重なり合いがある。具体的に対照してみる。写本の「本文」をまず挙げ、次にボール表紙本の「本文」を挙げる。

荒木村といふ辺土《へんと》の郷士《がうし》にて代々《たへ〳〵》村長《むらおさ》を勤《つと》め田畑をおふく所持《しよぢ》し何ふそくなくくらせし所
荒木村と云処の郷士にして代々村長を勤田畑をも多く所持し何不足なく生計けるが

ボール表紙本の「生計ける」には右振仮名「くらし」が施されている。ひとまずは、右の箇所に限ってということとするが、両者の「本文」が無関係に成ったとは考えにくい。したがって、原理的にはどこかで繋がるということになる。言い換えれば、共通の「本文」から派生したものである可能性があることになる。今、その可能性を「前提」とすると、ある「本文」がどのように変異するかという可能性を探るてがかりとなる。右の範囲でいえば、写本「ヘンド（辺土）」↔ボール表紙本「トコロ」が「変異」ということになる。またさらに細かくみれば、「ニテ」↔「ニシテ」、「ヲ」↔「ヲモ」、「クラセシトコロ」↔「クラシケルガ」なども「変異」ということになる。ある一つの古典文学作品の複数テキストを校合するという作業においては、右のような例にはしばしば遭遇するが、「言語の揺れ」という観点から整理することができれば、「距離」のある「本文」について有効な面があるのではないか。

先に述べたように、ボール表紙本においては、「生計《くらし》ける」と書かれている。これは、「セイケイ（生計）」という漢語に使う漢字列（＝漢語漢字列）「生計」を、和語「クラシ」にあてた書き方である。和語「クラス」は、写本のように「くらせし所」と仮名によって書くこともでき、ボール表紙本の「生計《くらし》ける」はいわば単純な書き方ではないといえよう。こうした書き方は、ボール表紙本に限ったことではなく、江戸期に出版されている読本等にもみられる書き方であるが、書きことばとしての「仕上がり具合」を何程か意識した書き方といえるのではないか。そうした例を写本の巻一から巻五まで（ボール表紙本九〜五十八頁）の範囲から挙げてみる。

	写本	ボール表紙本	
1	百姓一揆おこり立	農民《ひやくしやう》一揆起り立	九頁九行目
2	遊《あそ》びは	遊戯《あそび》は	十一頁五行目
3	かんばしき匂《にを》ひあり	芳馨《かんばし》き匂ひ有	十一頁十三行目
4	心《こゝろ》のうちに悦《よろこ》ひけり	心中大《しんちうおほ》に喜悦《よろこび》ける	十二頁一行目
5	むかし天正《てんしやう》四年	昔時《むかし》天正四年	十二頁三行目
6	もの、間違《まちか》ひ	物《もの》の齟齬《まちがひ》	十二頁三行目
7	剣術《けんしゆつ》ををしへ遣《つか》はすへし	劒術《けんじゆつ》を教導遣《をしへつか》はすべし	十二頁八行目
8	戦《たゝか》ひの真似《まね》をせしに	戦争《たゝかひ》の真似《まね》をなしけるに	十二頁八行目
9	劒術《けんしゆつ》と鑓《やり》とを指南《しなん》	劒術鎗術《けんしゆつはり》の指南《しなん》	十二頁十二行目
10	門人もあまたあり	門弟《もんてい》も数多《あまた》あり	十二頁十二行目
11	先生にしたがへて学《まな》ぶ事	先生《せんせい》に随従《したがひ》て研究《けんきう》する事	十四頁十一行目
12	おそれをなし	恐怖《それ》を池《いだ》き	十五頁一行目
13	天のをしへと	天の教示《をへ》なりと	十五頁八行目
14	楽傳坊悦《らくてんほうよろこ》び	懇望《こんもう》を欣喜《よろこび》て	十六頁一行目
15	一《ひと》しをふびんを加《くは》ひ	一層不便《ひときはふべん》を加《くは》へつゝ	十六頁六行目
16	三つ子のたましへ	三歳児《みつご》の魂魄《たましひ》	十六頁七行目
17	懈怠《けたい》なく	怠惰《おたり》なく	十六頁十行目
18	相改《あへあらため》て	改名《あらため》ける	十六頁十二行目
19	又三郎は年とは違《ちか》ひ	又三郎は年齢《とし》に違《ちが》ひて	十八頁一行目
20	二十年の星霜《せへさう》をおくりしもの也	二十有餘年の星霜《としつき》を…過経《おくり》し者なり	十八頁六行目

21	随分柔和《すへぶんにうわ》のうまれなれども	随分如法《ずいぶんによはふ》の生質《うまれつき》なれば	十八頁九行目
22	高慢《かうまん》はあまり過《すき》たり	高慢餘り過言《すぎ》たり	十八頁十行目
23	世《よ》の中にわれより上手《つ》はなし	江湖《よのなか》に我より上手《じやうず》なし	十八頁十一行目
24	たゞ今の仰《おふせ》にも	唯今《たゞいま》の貴命《おほせ》にも	十八頁十二行目
25	かたく御ことはり申と	堅《かく》く謝絶《ことわり》申べしと	十八頁十三行目
26	唇《くちひる》 を黄《き》にして	唇口黄《くちびるき》なる其方が	十九頁一行目
27	まづ 考《かんかい》ひて御覧《らん》あれ	先能勘考《まづよくかんがへ》て御覧あれ	十九頁四行目
28	門人へもをしへ給ふ	門弟 衆《しゆう》へも救授《おしへ》をなし給《たま》ふ	十九頁六行目
29	御かんがひ有て	能々勘考《よく〳〵かんがへ》	十九頁七行目
30	十分《ぶん》にあなどり	充 分軽蔑《じゆうぶんあなどり》て	十九頁十一行目
31	まん中《なか》につゝ立《たち》あかり	中央《まんなか》へ突立上《つゝたちあが》り	十九頁十一行目
32	すこしも恐《おそ》れす	少しも恐怖《おそれ》ず	十九頁十二行目
33	心中《しんちう》におどろくといへども	心中に驚愕《おどろ》たり	二十頁三行目
34	天狗《てんく》にても付添《つきそへ》あるやと	夥狗《てんぐ》にても付添居《そひゐ》るやと	二十頁十行目
35	ほめはやしける	稱美《ほめはや》して止ざりける	二十頁十一行目
36	子《こ》ども時分より	小児の時分《じぶん》より	二十頁十二行目
37	旗《はた》をあげし	旌旗《はた》を揚《あげ》しめ	二十二頁二行目
38	古今《ここん》の悪《わる》ものなり	古今の悪漢《わるもの》なりければ	二十二頁十行目
39	立身《りつしん》の手《て》かゝりもなく	立身の目的《あて》もなく	二十二頁十一行目
40	折《お》りにふれては	機會《をり》に觸《ふれ》ては	二十二頁十三行目
41	すこしうたがひを生《しやう》する	少しく嫌疑《うたがひ》を起《おこ》しける	二十三頁二行目

42	是《これ》を知《し》りて	是を推察《すゐさつ》し	二十三頁四行目
43	父へ知《し》らせしゅへ	父へ其次第を報告《しらせ》ければ	二十三頁五行目
44	切て捨《すて》んと怒《いか》るを	切《きつ》て捨むと憤怒《いかり》けるを	二十三頁六行目
45	謀《はかりこと》 事を催《もや》ふし候	謀 計《はかりごと》を廻《めぐ》らし	二十三頁八行目
46	一應《おう》のたゞしもなく	一應の糺問《たゞし》にも及ばん	二十三頁十行目
47	内膳《なへせん》が申上るを 誠《まこと》とおもひ	内膳の 上告《じやうこく》せしを真實《まこと》を思ひ	二十三頁十行目
48	申ひらきせんとすれども	父子にて 辨解《まをしひら》きせん物をと	二十三頁十三行目
49	大身《たいしん》の筒井《つゝい》にうたがはれ	大身《たいしん》の筒井家に疑團《うたがひ》を抱《いだ》かれ	二十四頁四行目
50	病《やま》ひの床《とこ》にふし	病痾《やまひ》に罹《かゝ》り打臥《うちふし》けるが	二十四頁五行目
51	先生〳〵とうやまふ事かぎりなし	先生〳〵と限りなく尊敬《うやまひ》けるにぞ	二十五頁一行目
52	又十郎いぶかしくおもひ	又十郎は不審《いぶかし》く思ひて	二十五頁二行目
53	知らざる人はなしと咄《はな》すゆへ	知ざる人はなしとの説話《はなし》に	二十五頁四行目
54	いきほひをふるひ罷《まか》り在《あ》り	威勢殆《いきほいほとん》ど前日《ぜんじつ》に倍《ば》し候	二十五頁八行目
55	七カ年の星霜《せへさう》をおくり	七カ年間の星霜《せいさう》を経過《おくり》て	二十六頁九行目
56	番人 誠《まこと》と心得《こころい》	門番《もんばん》は是《これ》を眞實《まこと》と思《おも》ひ	二十七頁六行目
57	わづかのうちのたのしみ	僅《わづか》の内《うち》の娯楽《たのしみ》にて	三十四頁二行目
58	十分にねらひとむないたをひろげて	此處《こゝ》を狙撃《ねらふ》べしと	三十六頁二行目
59	又は敵《かたき》といふものか	又讎敵《かたき》にてもある成ば	三十七頁一行目
60	すこしも愁《うれ》ふるに足《た》らずとこたふ	少しも憂《うれ》ふるに足ずと應答《こたへ》ければ	三十九頁四行目
61	十兵衛わらひなから	重兵衛は微笑《わらひ》ながら	三十九頁七行目
62	獅子憤 迅《しゝふんじん》のいかりをなし	獅子奮迅《しゝふんじん》の怒憤《いかり》をなし	三十九頁十三行目

63	ことの外によろこび	殊の外打欣喜《ほかうちよろこび》	四十頁十行目
64	さとりをひらきし心にて	悟道《さとり》を開れし心持にて	四十頁十一行目
65	達《たつ》ての願ひ	強《たつ》ての懇望《のぞみ》を	四十一頁三行目
66	十兵衛かこころざしを感《かん》し	重兵衛の志操《ざし》を深く感《かん》じ	四十一頁十三行目
67	荒木が心《こゝろ》さしを感し	荒木《あらき》の志操《こゝろざし》を深《ふか》く感《かん》じて	四十三頁一行目
68	京都へ出てしはらく逗留《とうりう》して	京都《きやうと》へ赴《おもむ》き暫時《しばらく》して	四十三頁六行目
69	大和は日本のはじめにて	大和國は日本國《にほんこく》の創立《はじめ》にて	四十三頁七行目
70	奈良《なら》の都《みやこ》の旧跡《きうせき》めづらしく	奈良《なら》の都府《みやこ》の古郷《ふるさと》とて	四十三頁八行目
71	その性名《せへめへ》をたづぬれは	其姓名《せいめい》を尋問《たづね》けるに	四十三頁十一行目
72	幸《さへわ》ひの事なりけれと立合《たちあへ》	僥倖《さいはい》彼《かれ》と立合《たちあい》て	四十四頁一行目
73	此おもむき申込《こ》みける	此旨趣《このおもむき》を樂傳坊《らくでんばう》に申込ける	四十四頁五行目
74	心中《しんちう》にあざわらひ	心中《しんちう》に嘲笑《あざわらひ》	四十四頁五行目
75	いへたきまゝの不礼過言《ふれいへくはこん》	發言随意《いひたきまゝ》の無禮過言《ぶれいくわごん》	四十六頁三行目
76	まづ〳〵心を気海《きかい》に落《おち》つけて	先々精神《こゝろ》を気海《きかい》に落付《おちつけ》	四十六頁六行目
77	いにしへの熊坂長範《くまさかてうはん》	往古《いにしへ》の熊阪《くまさか》の長範《ちやうはん》	四十七頁三行目
78	鎗《やり》の太刀打《たちうち》をはつしと打《うつ》と	鎗の太刀打を發矢《はし》と打《うて》ば	四十八頁一行目
79	太刀打よりほつきと折《お》れたり	太刀打よりボツキと音《おと》して折《をれ》ければ	四十八頁二行目
80	あつけに取《と》られしやうす	壓氣《あつけ》に取れて	四十八頁二行目
81	庄屋は大によろこひ	惣《そう》三郎の歡悦大方《よろこびおほかたなら》成ず	五十頁三行目
82	持《もち》まへの佛道《ふつたう》にも	固有《もちまへ》の佛道《ふつだう》に入《いら》む者と	五十頁十二行目
83	十兵衛もそのはなしを聞	重兵衛も此説話《このはなし》を聞て	五十三頁二行目

84	相應《さうおう》にくらせし家《いへ》といへとも	夫相應《それさうおう》に生活《くらせ》しが	五十三頁八行目
85	ふと隣家《りんか》より出火《しつか》して	隣家《となり》より出火《しつか》して	五十三頁九行目
86	丸焼《まるやけ》と相成り	全焼《まるやけ》となり	五十三頁十行目
87	父のすがたやせおとろひ	如何にも容貌衰弱《かたちおとろへ》て	五十四頁七行目
88	此子よの常の子にあらすとおもふ	此子は尋常《よのつね》の子とは違《ちが》ひ	五十四頁十一行目
89	ねむるがごとく相《あへ》はてたり	睡眠《ねむる》が如く相果《あひはて》たり	五十五頁七行目
90	うか〳〵とくらせしに	鬱々《うつ〳〵》と為すこともなく生活《くらし》けるが	五十五頁十行目
91	悲《かな》しき世《よ》を送《おく》る	辛《から》くも其日を経過《おくり》ける	五十六頁四行目
92	晩《はん》には村中あつまり	晩景《ゆうがた》より村中の者集會《あつまり》て	五十七頁一行目
93	盃《さかつき》も外《ほか》〳〵へ廻《まは》し	盃盞《さかづき》は外々《ほか〳〵》へと廻《まはり》けるも	五十八頁四行目

例3においては写本において「かんばしき」と仮名書きされている語がボール表紙本では「芳馨《かんばし》き」と書かれている。これは改めて説明するまでもないが、〈よい香り〉という語義をもつ「ホウケイ（芳馨）」という漢語に使う漢字列を、和語「カンバシキ」にあてた例である。明治期において、和語「カンバシキ」を漢字一字（と送り仮名と）を使って「芳しき」と書くことは可能であると思われる。そうであれば、和語「カンバシキ」には、仮名書き「かんばしき」、漢字一字（と送り仮名とを使った）「芳しき」、二字漢字列を使った「芳馨《かんばし》き」の三種の書き方があることになる。表記に関して、「日本語的表記」と「中国語的表記」とを考えるとすれば、漢字を使わない「かんばしき」がもっとも「日本語的」な書き方で、二字漢字列を使った「芳馨《かんばし》き」がもっとも「中国語的」な書き方ということになる。[註2] 和語「カンバシキ」にあてることができる二字漢字列は「芳馨」のみとは限らないので、用字としては複数である可能性がある。

右のようなみかたが成り立つとすれば、写本はおおむね「日本語的表記」を採り、ボール表紙本はおおむね「中国語的表記」を採っているようにみえる。ボール表紙本にそうした傾向があることは、ボール表紙本の観察によっても窺うことができるが、右のように写本と対照することによって、その「傾向」を、より鮮明にとらえることができる。

「カンバシ（キ）」は形容詞であるが、52の「イブカシ（ク）」も同様の例にあたる。11「シタガウ（従）」、20・55「オクル（送）」、28「オシウ（教）」、29「カンガウ（考）」、30「アナドル（侮）」、33「オドロク（驚）」、35「ホメハヤス」、37「アグ（揚）」、40「フル（触）」、「ウタガウ（疑）」、51「ウヤマウ（敬）」、58「ネラウ（狙）」、60「コタウ（答）」、61「ワラウ（笑）」、63・81「ヨロコブ（喜）」、71「タヅヌ（尋）」、74「アザワラウ」、84「クラス」、87「オトロウ（衰）」、89「ネムル（眠）」、92「アツマル（集）」のような動詞あるいは動詞連用形が名詞となった12「オソレ（恐）」13「オシエ（教）」なども、案外と仮名書きされていることがわかる。語を仮名書きするということ、すなわち「漢字をあてないで書く」ということについては、原理面、歴史的な実際面、両面から一度は考えておく必要があろう。

例えば、「漢字片仮名交じり」の表記体で書かれている延慶本『平家物語』は、漢字をかなり使って書かれているとみえるが、それでも、少なくない動詞が仮名書きされている。動詞「ユルス」は三十五回仮名書きされ、「許」字があてられた例が八例、「聴」字があてられた例が四例、「免」字があてられた例が二十五例、「宥」字があてられた例が七例みられる。結局、全七十九例の中の三十五例（四十四パーセント）が仮名書きされていることになる。これは延慶本のような表記体を採る文献としては多いのではないか。ただし、動詞「ヤブル」の場合は、三十六例すべてが漢字表記されており、微視的には一つ一つのケースについて検証する必要があることはいうまでもない。しかし、巨視的にみた場合、中世期の「漢字片仮名交じり」の表記体においてなお、仮名書きする動詞があるということにはやはり注目しておく必要があろう。

「漢字をあてないで書く」ということについては、右に述べたように、いまだ明らかになっていないため、先に指摘した、写本における仮名書き例をどのように位置づければよいのかは現時点では不分明といわざるをえない。しかし、ボール表紙本がそのような書き方を離れようとしていることは確かなことといえよう。それを、ボール表紙本という「媒体」の特性とみるのがよいか、あるいは明治期という時代の傾向とみるのがよいか、についてはさらに慎重に考えてみたい。

和語「マチガイ」に、写本は「間違」という漢字列をあて、ボール表紙本は「齟齬」という漢字列をあてている。後者は漢語「ソゴ」に使う漢字列であるので、「齟齬」は中国語を書く漢字列としての、いわば「実績」を確実にもっている。それに対して、漢字列「間違」は中国語を書く漢字列としての「実績」がない(はずである)。『言海』は「普通用」の漢字列として見出し項目直下に「間違」を挙げ、「漢の通用字」として語釈末尾に漢字列「乖違」を掲げている。語構成がどのように意識されていたかということは措くとして、和語「マチガイ」を「マ」と「チガイ」とに分け、それぞれを訓としてもつ漢字「間」と「違」とをあてているのだから、この書き方は「訓を媒介にした書き方」ということになる。同様の例としては、86和語「マルヤケ」に漢字列「丸焼」をあてた例がある。これは二字漢字列をあてている場合であって、8「タタカイ」を「戦ひ」と書き、19「トシ」を「年」と書く例など、漢字一字をあてる例は多い。和語「タタカイ」と漢字「戦」との結びつきはかなり遡ることができるはずで、例えば二巻本『色葉字類抄』タ篇の「辞字」においては、訓「タタカウ」をもつ字が列挙されている箇所の一番上に「戦」字が置かれている。したがって、和語「タタカウ」を漢字「戦」一字で書くことは自然であったと思われる。そうであったとすれば、「戦」字一字で書くことができるにもかかわらず、ボール表紙本では二字漢字列「戦争」をわざわざあてた、ということになる。

例78においては、音象徴語「ハッシ」に漢字列「發矢」をあてている。音象徴語に漢字をあてること自体は、珍しいことではないが、漢字をあてる書き方を採る文献には「漢字で書く」という何程かの「志向」があるとみることができる。そうであれば、今ここでは、ボール表紙本にそのような「志向」があることになる。しかしまた、例79においては、「ボッキ」を写本は平仮名で「ほつき」と書き、ボール表紙本は片仮名で「ボッキ」と書いている。ボール表紙本はこの語に関しては漢字をあてていない。その一方で、〈思いがけないことに出合って驚きあきれる状態〉という語義をもつ「アッケ」に「壓氣」という漢字列をあてている。『言海』はこの「アッケ」を見出し項目として採用し、それに「訛語」の符号を附すが、見出し項目直下には「普通用」の漢字列を掲げていない。

例22は「頓《やが》て又三郎を呼出《よびいだ》し如何《いか》に貴様／は年齢《とし》には似《に》ざる日頃の高慢劒術の稽古《けいこ》を六年や七年したればとて匆々《なか〱》以て上手《じやうず》とは云べ／からず此嘉源次は本年《ほんねん》積《つも》つて二十有餘年の星霜《としつき》を劒術修行《けんじゆつしゆぎやう》に過經《おくり》し者なり如何に又三郎／大勢《おほぜい》門弟中の打寄《うちより》たる此座《このざ》にて一勝負《ひとしやうぶ》致したし某子《それがし》は一番門弟の事故代師《だいし》として一本《ほん》教導《をしへ》／遣《つか》はすべし然ながら幼若《えうじやく》な貴様なれば斯致《かくいた》すべし左の手をば帯《おび》に狹《はさ》み右の片手《かたて》にて立會致《たちあひいた》／し随分痛《ずいぶんいた》めぬ様に心を添《そへ》て教導遣《をしへつか》はすべし疾々來《とく〱きた》れと立蒐《たちかゝ》りければ荒木又三郎は随分如法《ずいぶんによはふ》／の生質《うまれつき》なれば溝尾《みぞを》の高慢餘り過言《すぎ》たり不埒者《ふらちもの》めと思ふにけつ打笑《うちわら》ひて扨云様《さていふやう》」(十八頁四行目〜十行目)(「思ふにけつ」は「思ふにつけ」の誤植と思われる)という文脈にある。「高慢スギタリ」の「スギ」に漢語「カゴン(過言)」にあてる漢字列「過言」をあてたのは、この文脈における「スギ(タリ)」の語義を限定しているともいえる。しかし、このような場合は必ずしも多いわけではないと考える。

ここまでみてきたように、写本とボール表紙本とを対照すると、「本文」のある程度の「ちかさ」とは相反するような、表記面での不連続が看取される。右の写本は、書写年時も書写者も不明であるため、どのような「経緯」で書写されたか不分明である。書かれたかたちから(結果として)判断すれば、あまり漢字を使うことを「志向」していないことはいえよう。漢字を使うことを「志向」していないということがただちに、このテキストが音声的な享受を前提にしていたということにはならないが、「文字化」ということに関して、連続していないことは確かなことといえよう。それがボール表紙本がもつ「傾向」に起因するかどうかについては今後さらに考えていく必要があろう。

第二章

言語の「揺れ」と連合関係

北原白秋は明治三十九年九月に刊行された『明星』午歳九号に「命」という総題をつけて「ひらめき」「大寺」「吐血」「赤熱」「微笑」「立秋」「玻璃罎」「ためいき」「凋落」「時鐘」の十作品を発表している。これらの多くが明治四十二年に刊行された詩集『邪宗門』に載せられている。「立秋」の『明星』に載せられたかたち（以下これを初出と呼ぶことにする）と『邪宗門』に載せられたかたちとを次に掲げてみる。

初出

憂愁《いうしう》のこれや野《の》の國《くに》、
薔薇《さうび》だつ灰色《はひいろ》のそら
夕汽車《ゆふぎしや》の遠音《とほね》もしづみ、
信號柱《シグナル》の青《あを》き燈火《ともしび》
淡々《あはあは》とみどりにうるむ。

ひとしきり、小野《をの》に緋《ひ》の雲《くも》、
南瓜畑北《かぼちやばたきた》へ練《ね》りゆく
旗《はた》あかき異形《いぎやう》の列《れつ》は
戯《おど》けたる廣告《ひろめ》の囃子《はやし》
賑《にぎ》やかに遠《とほ》くまぎれぬ。

うらがなし、落日《いりひ》の黄金《こがね》
花柏樹《さはらぎ》の木末《こずゑ》に明《あか》り、

『邪宗門』

憂愁《いうしう》のこれや野の國、
柑子《かうじ》だつ灰色のすゑ
夕汽車《ゆふぎしや》の遠音《とほね》もしづみ、
信號柱《シグナル》のちさき 燈《ともしび》
淡々《あはあは》とみどりにうるむ。

ひとしきり、小野《をの》に細雲《ほそぐも》。
南瓜畑北《かぼちやばたきた》へ練《ね》りゆく
旗赤き異形《いぎやう》の列《れつ》は
戯《おど》けたる廣告《ひろめ》の囃子《はやし》
賑《にぎ》やかに遠《とほ》くまぎれぬ。

うらがなし、落日《いりひ》の黄金《こがね》
片岡《かたおか》の 槐《ゑんじゆ》 にあかり、

鳴《な》きしきる蜩《かなかな》、あはれ
誰《たれ》葬《はふ》るゆふべなるらむ。

鳴《な》きしきる蜩《かなかな》、あはれ
誰《たれ》葬《はふ》るゆふべなるらむ。

この詩に限らず、『邪宗門』に収められるにあたって、初出のかたちが変えられることが少なくない。ある場合には、大幅にかたちを変え、ある場合には、小さな変更がなされている。右の「立秋」においては、変更は限定的であるといえよう。第一連の二行目においては、初出では「薔薇《さうび》だつ灰色《はひいろ》のそら」であったが、「柑子《かうじ》だつ灰色《はひいろ》のすゐ」というかたちに変えて『邪宗門』に収められている。そもそも「ソウビダツ（薔薇だつ）」という語がしばしば使われるような語ではなく、『日本国語大辞典』第二版もこの語を見出し項目としていない。「サッキダツ（殺気立つ）」「オゾケダツ（怖気だつ）」「サムケダツ（寒気だつ）」「オモテダツ（表立つ）」のように、「名詞＋ダツ」という語構成を採る語を考えれば、これらの語における「〜ダツ」は〈体言・準体言の下に付いて、そのような様子を帯びる意の四段型（まれに下二段型）の動詞を作る〉（『新潮国語辞典』第二版）接尾語である。「オモテダツ」の語義は〈表面化する〉と理解することができ、この〈〜化する〉が接尾語「〜ダツ」の担う語義とみてよい。

そうしたことをふまえて「薔薇だつ」を考えた時、少々おかしな表現になることを承知でいえば、その語義は〈薔薇化する／薔薇性を帯びる〉とでもいえるような語義であることになる。「薔薇」を特徴づけることがらとしては、花の美しさ、花の香り、両面がありそうで、その花の美しさはおもには色彩的な美しさということになるだろう。薔薇の場合、花の形状が単一ということもないが、薔薇を愛でるといった時に、花の形状が対象になることはあまり多くないと思われる。やはり色彩、香りということになると考える。前者をとらえるのは視覚、後者をとらえるのは嗅覚ということになる。
　この初出の「薔薇だつ」が『邪宗門』においては「柑子だつ」に変えられている。「柑子」は〈カラタチバナの別称〉あるいは〈コウジミカン〉のことで、赤みがかった黄色、みかん色、だいだい色を「コウジイロ」ともいう。初出が「薔薇《さうび》だつ灰色《はひいろ》のそら」で『邪宗門』が「柑子《かうじ》だつ灰色《はひいろ》のすゑ」で、ともに「灰色」に続いているところからすれば、「薔薇」「柑子」ともに色彩に焦点があるとみるのが自然であろう。「薔薇だつ」の「薔薇」がその色彩面をとらえたものであったとすれば、「バライロ（薔薇色）」は〈明るい紅色。淡紅色〉（『新潮国語辞典』第二版）と限られているわけではないが、そうだとすれば、そこに「薔薇」と「柑子」との連続面があることになる。しかしまた「柑子」ということを考えれば、そこに「黄色」ということが関わることも自然で、結局「薔薇だつ灰色」と「柑子だつ灰色」とでは、「灰色」の色味が、紅色が勝ったものから黄色が勝ったものに変えられたということになると考える。こう考えた場合、詩作者である白秋の心的辞書においては、色ということをめぐって、「薔薇」と「柑子」とが何らかの結びつきをもっていた。つまり「薔薇」という語を使うか、「柑子」という語を使うかという選択をすることがあったということになる。本章の表現でいえば、「薔薇」と「柑子」との間に連合関係が成立していたということになる。ただし、右で「白秋の心的辞書」という表現を使ったように、これはひとまずは、白秋という個における連合関係とみておきたい。いうまでもなく、白秋が操る日本語は同時代の、あるいは少し隔たった時期の日本語母語話者と共有されているはずで、そうした中での「（可能性としての）個」ということになる。そのようにみた場合の「個」がおもてだって表明されるのが「詩」であるとすれば、「詩をよむ」という行為は、その語を選択し、並べた「個」としての言語行為を明らかにすることを究極的な目的とすることになるのであろう。しかしそれはすぐに予想されるように、たやすいことではない。とすれば、究極的な目的は目的としてもちながら、まずは、非「個」

的な面、つまり「共有」面からできるだけ「詩をよむ」という、いわば地道な努力も必要であろう。

初出のかたちを変える、語の選択を変えるということの理由はさまざまであろうから、一つ一つその理由を指摘することはむずかしいであろう。しかしそれでも、もともと選択された語と、変えた語とは連合関係にあったという前提はたてることができるであろうから、そのみかたを起点として、「詩をよむ」という試みはなされてよいと考える。本章においては、非辞書体資料と辞書体資料とをそれぞれ採りあげて、言語の「揺れ」という観点から連合関係を考えてみたい。

第一節 『源氏物語』青表紙本・河内本・別本の「揺れ」

『源氏物語』に関して、夥しいテキストが残されていることは改めていうまでもない。そして『源氏物語』のテキストが「定家が不審は不審として残したまま正本として定めた」(『日本古典文学大辞典』第二巻、四三三頁第三段)「青表紙本」と呼ばれるテキスト群と、「家の正本として親行―聖覚(義行)―行阿(知行)と一子相伝し、行阿の子経行に及んだかと思われ」る「河内本」と呼ばれるテキスト群と、これら二系統以外のテキストを「一括して」呼ぶ「別本」と呼ばれるテキスト群とがあることもいうまでもないであろう。しかし、そうであれば、「別本」と呼ばれるテキスト群はいわば「青表紙本」でも、「河内本」でもないという「括り」に依っていることになり、その「内実」は(当然のことともいえるが)単純ではないことがすぐに推測される。そしてまた、「本文」がどうであれば「青表紙本」として認め、どうであれば「河内本」として認めるかという基準が細かく具体的に設定されているわけではないとすれば、「青表紙本」「河内本」「別本」の別は相対的なものであるとみることもできる。そしてこれもいうまでもないことであるが、そもそも『源氏物語』のテキストの分類なのであって、一つの文学作品のテキストと認められるだけの「ちかさ」はもっていることになる。

亀井孝は「愛語愛言のたましいのために」(一九八一年、土井先生頌寿記念論文集『国語史への道』上、所収)において、「テクストは、すなわち「テクスト」として、その本質においておよそそれが表現のレヴェルに属するものであるかぎり、なにらかの形でそれが再生産されるそのたびごとに、やっぱり流動をまぬかれえない。そして、これこそ素朴な真実にすぎないのではないか。すなわち、テクストというものを固定し安定したものとのみ思いこむ方があまいのであって、そういう思いこみこそ「思いこみ」としてむしろあやまりなのである。もし文字に封じこめた形をそういう「封じこめ」としてそのばかぎりの「かりの姿(現象)」と観ずれば、「テクスト」のまさにそのありのままのありかたはかえって変幻つねなき流動と映じてくる……。ロマンチックないいまわしをいとわないならば、およそテクストなるものも、これまた、それとして生きているのである」(引用は一九九二年、吉川弘文館刊、亀井孝論文集6「言語諸言語倭族語」一八八頁による)と述べている。「およそそれが表現のレヴェルに属するものであるかぎり、なにらかの形でそれが再生産されるそのたびごとに、やっぱり流動をまぬかれえない」の「表現のレヴェル」とは、現代日本語をもって説明すれば、「五月五日は国民の祝日です」といった体の、事実をそのまま伝達するようなものでない限り、と言い換えてよいだろう。あるテキストを、気持ちとしてはそのまま書写するといった場合も、ここでの「再生産」に該当すると考える。「気持ちとしてはそのまま」は積極的に「校勘」を意図しなくても、ということである。それでもなお、書写行為の根底には「よむ」という行為があり、「よむ」が文の理解ということにつながるとすれば、そこには「解釈」ということもかかわるとみるのが自然であろう。

本節では「帚木」巻を採りあげることにする。まず現在天理図書館に蔵されており、鎌倉時代中期写と目されている伝藤原為家筆本を採りあげる。この本は『源氏物語大成』においては、略号「松」をもって校異に使われている伝藤原為家筆松浦伯爵家旧蔵本にあたり、「青表紙本」と目されている。また「河内本」としては北条実時の奥書をもつ尾州家本を採りあげる。直接的には『尾州家河内本源氏物語』第一巻(二〇一〇年、八木書店発行)を使用した。このテキストは鎌倉期写と目されている。「別本」としては保坂本を採りあげることにする。以下においては、「青表紙本」「河内本」「別本」を「青」「河」「別」の略号をもって示すことがある。それぞれのテキストの冒頭の一文を示す。

青：漢字数5

光源氏名のみこと〳〵しういひけたれたまふとかおほかなるにいと､か､るすきこと､もをすゑのよにもき､つたへてかろひたるなをやなかさんとしのひたまひけるかくろへことをさへかたりつたへけん人のものいひさかなさよさるはいたくよをは､かりまめたちたまひけるほとなよひかにをかしき事はなくてかたの､少将にはわらはれたまひけむかし

河：漢字数10

ひかる源氏なのみ事〳〵しういひけたれ給とかおほかなるにいと､か､るすき事とも

をするのよにもきゝつたへてかろひたる
名をやなかさんとしのひ給けるかくろへ事
をさへかたりつたへたる人の物いひさかなさ
よさるはいとゝいたう世をはゝかりまめたち給
けるほとになよひかにおかしきところなくて
かたのゝ少将にはわらはれ給けんかし

別：漢字数11

光源氏名のみこと〳〵しういひけたれ
たまふとかおほかなるにいとゝかゝるすき
ことゝもを末の世にもきゝつたへて
かろひたる名をやなかさんとしのひ給
けるかくろへ事をさへかたりつたへけむ
人の物いひさかなさよさるはいとゝいたく
世をはゝかりまめたち給けるほと
なよひかにおかしき事はなくてかた
野の少将にはわらはれ給ひけむかし

右の範囲においては、傍線部に助動詞「ケム」を使う「青表紙本」「別本」に対して、「河内本」は助動詞「タル」を使う。選択されている語の違いはそれのみである。書き方に着目すれば、「青表紙本」と「別本」

とが「光源氏名のみこと〳〵しう」であるのに対して「河内本」は「ひかる源氏なのみ事〳〵しう」と書いており、やはり「青表紙本・別本／河内本」という対立がみられる。

〈おおげさだ〉という語義をもつ形容詞「コトゴトシ」の連用形「コトゴトシク」の音便形が「コトゴトシュウ」であるが、右では三つのテキストいずれもがこの音便形を思わせるかたちを書いている。その一方で、形容詞「イタシ」の連用形「イタク」に関しては、「青表紙本」と「別本」とが非音便形「いたく」、「河内本」が音便形「いたう」の形を書いており、テキスト間に「揺れ」がみられる。右に掲げた文の少し先には「なかあめはれまなきころ内の御ものいみさしつゝきていとゝなかゐさふらひたまふをおほとのにはおほつかなくうらめしくおほしたれと…」とある。ここには「オボツカナク」「ウラメシク」とあって、形容詞「オボツカナシ」「ウラメシ」の連用形が連続して使われているが、ここには音便形が書かれていない。この時期に、すべての形容詞において、連用形に音便形が一律に使われていたということはできないであろうから、ある形容詞については音便形が比較的使われ、ある形容詞については音便形がそれほど使われないとみるのが自然であろう。

冒頭に使われた「コトゴトシク」については音便形を書き、「オボツカナク」「ウラメシク」については音便形を書かないということを、音便形を使ったか、使っていないかということのあらわれであるとみるとすれば、形容詞の音便形を使うか使わないかということに関して、一つのテキストの内部において「揺れ」ていることになる。「揺れ」とみるということは、音便形と非音便形とは「同じ」ではない、つまり何らかの面で「異なる」とみていることでもある。右では「一つのテキストの内部において」と述べたが、「河内本」「別本」も「コトゴトシク」については「青表紙本」と等しく非音便形を書いている。右に述べたように、「青表紙本」と「別本」が「いたく」と書いている箇所を「河内本」は「いたう」と書く。『源氏物語大成』の「校異ニ採擇シタ諸本」の中に、右で使っている三つのテキストはすべて含まれている。しかし、『源氏物語大成』第一冊校異篇の該当箇所には、「イタク」に関わる校異はあげられていない。おそらくこうした音便形／非音便形の異なりを「校異」として採りあげていないと推測する。テキスト間のあらゆる「異なり」を示すことはできないであろうから、「校異」を重点的に示すことは理解できる。したがって、音便形／非音便形の「異なり」は「重点」とはみなされなかったということになる。

伊藤鉄也『『源氏物語』の異文を読む「鈴虫」の場合』（二〇〇一年、臨川書店刊）においては、物語「本文異同の諸相を検討する」ための枠組みとして、「各文節」の一致、不一致を判定する基準として「音便・送仮名・仮名遣・漢字・仮名・踊字の相違を区別しない」（一一九頁）と述べられている。つまり「いたく／いたう」（音便）・「給けん／給ひけむ」（送り仮名）・「をかしき／おかしき」（仮名遣）・「光源氏／ひかる源氏」（漢字・仮名）・「かたの、少将／かた野の少将」（踊り字）といった「相違」は「本文」の「異なり」とはみなさない、ということである。テキストの対照は、何らかの目的のために行なわれるはずで、その「目的」如何によって、「みかた」であるどのような「異なり」を話題にするかということは当然変わる。したがって、伊藤鉄也（二〇〇一）の基準に異を唱えようとしているわけではない。妥当な基準であると考える。

しかしその一方で、「オカシ」という語を「をかし」と書くか「おかし」と書くかということが話題となることもある。それがある仮名遣いにとって重要なことであるのならば、その仮名遣いによって書かれたテキスト群というものが想定されることになる。その場合は、仮名遣いはむしろテキスト群を分けるようなことがらになるかと思われるが、そういう「みかた」は採らないということであろう。そのような考え方ももちろん成り立つ。

音便が発音と深くかかわっているのであれば、発音する場合は音便形を使い、しかし文字化する場合は非音便形を使うということはないのだろうか。そのようなことがあるのだとすれば、テキストに非音便形が書かれていたとしても、その語形では発音されていないということになる。そうであれば、音便形／非音便形をテキスト「本文」の「異なり」とみないという「みかた」は適切であることになる。しかしそれは同時に、書かれたかたちから自然に推測される語形がそこで意図された語形とは限らない、ということを認めることでもある。しかしそうしたことはあるであろうし、語形が定まらないという「曖昧さ」を避けることも実は難しいともいえよう。その「曖昧さ」を避けるための「方法」の模索はずっとしなければならないし、その「模索」が言語の観察をより精密にすることは期待できよう。

第二節　『貴船の本地』

室町時代初期以前に成立したと目されている物語に『貴船の本地』と呼ばれているものがある。色好みの公卿「中将定平」が扇競べに出された扇に描かれた女房に恋をし、その絵の女房にもまさる美女が鬼国にいることを聞き、鬼国に行く、という話柄であるが、二節ではこの『貴船の本地』を採りあげることにする。慶應義塾大学図書館に蔵されている室町後期写本と明暦頃刊丹緑本とを対照する。前者は『影印室町物語集成』第五輯（一九七三年、汲古書院刊）を、後者は『京都大学蔵むろまちものがたり9』（二〇〇三年、臨川書店刊）を使用した。

1　　中ころ　　　　　ていわうまし〳〵き　御なをはくわんへひ
そも〳〵中比のことにやありけん。ていはう／まし〳〵て御名をは。くはんへい

2ほうわうと申　　　　そのころ大しん一人をはします　御
ほうわうとそ申たてまつる。其比　　大しん一人まし〱ける其御子に

3なをはほんさんみのちうしやうさたひらとそ申ける
　　　さたひらの中将と　　　申ける。

4ほうわうの御おほえいみしくしてくきやうてんしやう
ほうわうの御をほえめてたかりけり。あまた

5人のなかに　かたをならふる人もなしあるとき　　　ちう
人の御中に。かたをならふる人もなし。ほうわうぎよかんのあまりに。ちう

6しやうをめしてせんしあるやうはなにといふとも人の
じやうをめしてせんしなるやう。　　　おとこの

7ゐいくわは　　　見めよきねうはうにちかつきあそひたる
ゐほうくはほうは見めよき女ばうに。むすほる丶

8にすきすはなのみやこのそのうちに見めよき

にはすぎし。　京中のうちに　　見めよからん
9をんな人のふさいのきらひなくなんちにゆるすと
女はうをは人を。きらはす中将にゆるすと。せんし
10のせんしをくたさるちうしやうその時大きに
をうけ給ふ。中将は
11おとろき給ひてしたい申さる丶かさねてせんしなり
12けれはちからおよはすして都のうちにをはします
都のうちにおはしましける
13御せんきたのかた□□□のみすきらひなくよし
みやはらの姫君までもきらはず
14ときくをむかへとりて御らんするにされとも　御心に
むかへとりまいらせて御らんすれとも。中将の御心に

15かなふ御せんひとりもなし朝にむかへては夕におくり
かなひたる人もましまさす。　むかへてはかへし給ふ

16ゆふへにむかへてはあしたにをくり給ふほとにとし
ほとに。

17三ねんかその内に五□六十人おくらせ給ひけり
一カ年がうちに。九百九十人そをくられける。

18さらはたゝもをくりたまはすひとつのなんをつけて
されはたゝもかへし給はていろ〳〵になをつけてぞ

19をくり給ふ　　かみのなかきはしやしんのさうとてをくり
をくられける。かみのなかきはじやしんのさう。

20給ふいろのくろきはうしのさうあまりにしろきは
あまりに色のしろきは。

21おめたりさう　見めよけれとも心なしこころあれとも
しろ女のさう。見めはよけれとこゝろわろし。心よければ

22みめわろし　せいの大なるはみやま木のさうなん
見めわろし。せいのをほきはみやま木のさう。なとゝ

23とゝなんをつけてそをくり給ふ　　九へうちにも御心に
いろ〱のなんをつけてそをくられける。みやこのうちにちうしやうの心に

24あひたる人なし　　心をすまして春に花のもとにて
かなふ人なくして。つねは。心をすまして。はるはなんてんのはなのいろ〱なる

25日をそくり秋は月のまへにて夜をあかし給ける
を御らんして。なかめくらし秋はふらうもんのうへの月をなかめあかし。心を

26そのころほうわうの御まへにて三十日の花見
なくさめ給ふが。御せん一人もさたまりたまはす。そのころほうわうの御せんに。廿日　の

27のうたれんかはしまりてあふきくらへのありし
はなみのれんがはじまり給ひぬ。さて其のちにあふきくらへのありしとき。

『京都大学蔵むろまちものがたり9』の「『きぶねの本地』解題」（本井牧子執筆）は『貴船の本地』の現存諸

本をⅠ類Ⅱ類Ⅲ類と分ける。そしてⅠ類の内部をａからｇまで分けている。慶應義塾大学蔵本はａ、明暦頃刊丹緑本はｇとされており、「本文」にある程度の隔たりがあることがわかる。テキスト相互の「本文」の「隔たり」は、例えば使用されている語の重なり合いの度合い、一致度によって測ることができよう。これはテキスト相互が「ちかい」場合には有効なみかたであると思われる。しかし、例えば、あるテキストとそれほど似寄っていない二つのテキストがあった場合、そのどちらが「あるテキスト」と「ちかい」かを判断するのはむずかしい。

松本隆信は「貴船の本地・富士浅間明神の本地・浦島太郎・小男の草子・物くさ太郎」（一九九六年、汲古書院刊『中世における本地物の研究』第五章）において、Ⅰ類ａ～ｆの写本を「乙類」と呼び、Ⅰｇの刊本系統本を「甲類」と呼んで分けている。「『きぶねの本地』解題」はⅠ類ｇに「挿話の付加や一部的な改変」（四〇九頁）や「和歌の増補」（四一四頁）がみられることを指摘し、そうしたことによって「劇的・叙情的効果を意図している様子がうかがわれる」（四一七頁）と述べる。「『きぶねの本地』解題」はⅠ類の内部をａ～ｆとｇとに分けてはいないので、本井牧子が松本隆信と同じように、ａ～ｆとｇとを大別しているかどうかは不分明である。しかし、Ⅰｇの特徴を特筆していることからすれば、おそらくは松本隆信と同じように（あるいはそれにちかく）Ⅰｇをとらえているものと思われる。

ところで、『京都大学蔵むろまちものがたり12』（二〇〇三年、臨川書店刊）には京都大学総合人間学部図書館に蔵されている奈良絵本の『きぶね』が収められている。解題（本井牧子執筆）には、「本書は『国書総目録』や、松本隆信氏の「増訂室町時代物語類現存本簡明目録」などにも未採録の新出本である」（三八九頁）と述べられている。この本はⅠ類のｂに分類されている。先に採りあげた慶應義塾大学図書館蔵本がａであるので、ｂはｇよりもａに「ちかい」とみるのが自然である。

a：そのなかにちうしやうのちゝかたのおちにてをはしますおゝいとのゝ御あふき
b：その中に　ちうしやうのちゝかたのおち　　おほひとのの　あふき
g：中にも中将にはちゝかたの伯父にてをはしける。けむくのおほゐとのと申人の。御

a：こそおもしろけれ　　しろかねのほねにこかねのかなめをいれさせてみやこに
b：よりすくておもしろけれしろかねのほねにこかねのかなめをいれさせてそのころ
g：あふきは。しろかねのほね。こかねのかなめいれて。つまくれなひにたくませて

a：きこへしゑのしやうすたくまのほうけんをめしてなんりやう五こかね卅
b：わかてふになをえたるゑかきのしやうすたゝまのほうせんをめされて
g：みやこにきこゆるゑしのしやずに。たくまのほうけんと申けるゑしをめして。

a：りやうたひて日ほんにありかたきほとのにやうほうゑをかきてまいらせよと
b：なんりやう十二両こかね十両あたへてにほんにならひなき女はうゑをかきてまいらせよと
g：なんりやうこかね拾両たびて。にほむに人のをとろくはかりの。ゑをかけとおほせけれは。

例えば微視的、虫瞰的にみた場合、a「みやこにきこへしゑのしやうす」b「わかてふになをえたるゑかきのしやうす」g「みやこにきこゆるゑしのしやず」に関しては、aとgは似寄っていて、bはやや異なるとみるのが自然であろう。しかしまたa「日ほんにありかたきほとのにやうほうゑをかきてまいらせよ」b

「にほんにならひなき女はうゐをかきてまいらせよ」g「にほむに人のをとろくはかりの。ゐをかけ」に関してはaとbとが似寄っていて、gはやや異なるとみえ、語の重なり合いによって、テキスト相互の「距離」を測るのが自然ではあっても、「一筋縄」ではいかない場合もあることが推測される。テキストを書写するという言語活動において、いついかなる時でも起こり得ることがらがあるのだとすれば、それが起こった場合と起こらない場合とでは、実際のテキストは異なる。しかし、それを例えば言語に内包されている「揺れ」と考えた場合、現われは異なるけれども、「内実」はさほど変わらない、とみることもできなくはない。「可変域」という表現がこうしたことにふさわしいかどうか、さらに考えてみたいが、「テキストの可変域」というものがある程度設定できるのであれば、いたずらに煩瑣な「校異」を論う必要がなくなる。先に「音便・送仮名・仮名遣・漢字・仮名・踊字の相違を区別しない」というみかたにふれたが、このみかたは、これらの現象を「可変域」内のこととして、つまり「起こり得ることがら」とみなしたということになる。

右の範囲でいえば、数量表現が一致しない。aには「なんりやう五こかね卅りやう」とあり、bには「なんりやう十二両こかね十両」とあり、gには「なんりやうこかね拾両」とある。こうした数量を入れ替えれば、「内実」は変わることになるが、「なんりやうXこかねYりやう」のX、Yにいかなる数量を入れても、表現そのものは成り立つ。そう考えると、数量表現は意識的、無意識的いずれにしても「流動」しやすいことになる。先の26・27の歌連歌も、写本(a)では「三十日」であるが、刊本(g)は「廿日」となっている。

表現の「揺れ」には「入れ替え」の他に、「加減」がある。例えば、4〜5において写本には「くきやうてんしやう人のなかにかたをならふる人もなしあるときちうしやうをめして」とあり、版本には「あまた人の御中にかたをならふる人もなしほうわうきよかんのあまりにちうしやうをめして」とある。写本が「なかに」とある箇所は版本には「御中に」とあり、(この両テキストの対照においては、という限定があるが)版本において、待遇表現に関わる接頭辞「御」が加えられていることになる。写本に「ちうしやううちおとろき給て」とある箇所、版本には「中将をとろきみ給へは」（十四丁表九行目）とあり、写本においては接頭辞「ウチ」が使われている。

版本側から写本をみれば、「御」が削られていることになるので、当然のことながら、どのテキストを「基準」とするかによって、加わっているとみるか、削られているとみるかは異なってくる。待遇表現は、当該の文の言語主体如何によって変わるので、文の解釈、理解ということともかかわって、「流動」しやすい要素とみることができる。

また、写本にみられる「あるとき」は版本にはみられない。このような、「時に関わる表現」は、それが置かれることによって、文に何らかの具体性が付与されるとみることができ、「流動」しやすい要素といえよう。

写本に、「しろかねのほねにこかねのかなめをいれさせて」とある箇所、版本には、「しろかねのほね。こかねのかなめいれて。」とある。版本は現在句点として使っているような形状の符号を使用していて、それを使うことが文の表現に影響を及ぼす可能性はあり、単純な対照には慎重でなければならないが、今そのことを措いて「単純な対照」をすれば、写本で使われている二つの格助詞「ニ」「ヲ」が版本にはみられない。あるいはまた写本「ひのなか／水のそこまても御とものよし申されけり」（二十八頁四行目～五行目）と対応する箇所が版本では「火の中水のそこまても御とものよし／を申させたまへは」（中二丁裏八行目～九行目）とあって、版本では「ヲ」が使用されている。あるいは写本に「くろかねのついちをたかさ十てうはかりつきて」（三十一頁五行目～六行目）とある箇所、版本には「くろかねのつひぢたかさ。十／ちやうにつきて」（中五丁表三行目～四行目）とあって、ここでは写本が「ヲ」を使用している。

格助詞「ヲ」に関しては、『横笛瀧口草子』諸テキストを分析対象として、「慶應本、パリ本は、逆に、省き得た格助詞「ヲ」をあえて顕在化させたものと捉えたい。つまりそれらが書かれた時点で格助詞が不可欠な存在となっていたことを示しているとみたい。そうみると、古活字版、明暦版が「ヲ」を省いた「かたち」を採ることは「書きことば」における barbarismo とみるべきか、あるいは〈和書のむかし〉に擬したとみるべきか」(二〇〇五年、笠間書院刊『文献から読み解く日本語の歴史［鳥瞰虫瞰］』六十六頁)と述べた。説明を補えば、「慶應本」は室町末期写、「パリ本」は寛永頃写、「古活字版」は元和頃刊、「明暦版」は明暦版本のことをさす。ロドリゲスは『日本(大)文典』において、対格の「ヲ」を欠く「かたち」を「barbarismo」とみており、そのことを起点とすれば、かつて稿者が述べたように、その時点で「格助詞が不可欠な存在となっていた」ことになる。そうであれば「不可缺」であるはずの格助詞「ヲ」を缺いた慶應本、パリ本の「かたち」をどうみるか、ということになり、二〇〇五年の時点では、「「書きことば」における barbarismo とみる」みかたに傾いていたが、現時点においてなお「〈和書のむかし〉に擬した」という「みかた」を捨てきれない。「「書きことば」における barbarismo」か「〈和書のむかし〉に擬した」か、という問いをたてれば、その「問い」に対する答えとして、二つのうちのどちらかを選択するということになるが、そもそも格助詞「ヲ」が文に対して潜在化していた時期から顕在化した時期に移行したとみるならば、格助詞「ヲ」は文の要素としては、つねに求められていたが、文の表にはださない「潜在化」の様式から、文の表にだす「顕在化」の様式に、様式が移行したとみれば、要素としてはつねに求められているのだから、大きな「流れ」は「潜在化→顕在化」ではあっても、微視的、虫瞰的にはいついかなる時でも、潜在、顕在が入れ替わる可能性があった、つまりこのことがらは汎時的に起こり得る事象であった、とみることもできるのではないだろうか。

金水敏は「格と文法役割―「の」「が」「を」」(二〇一一年、岩波書店刊、シリーズ日本語史3『文法史』所収)において、「「を」付き目的語と無助詞目的語との違いは、格システムの決定的な変化とは言えないことが分かる。平安時代から現代まで、無助詞名詞句による主語・目的語の表示は潜在的に（おそらく大部分の方言で）可能であったと仮定できる」（二一〇頁）と述べている。

写本に「みやこにきこへしゑのしやうすたくまのほうけんをめして」とある箇所、版本には「みやこにきこゆるゑしのしやずに。たくまのほうけんと申けるゑしをめして」とある。写本の「しやうす」は「ジヤウズ（上手）」と思われ、それを一方に置いた時に、版本の「しやず」も、「ジヤウズ（上手）」を意図したものとひとまずは推測されるので、今ここではそのように考えておくことにする。ただし「ゑしのしやず」が「絵師の上手」であるとすると、この表現そのものが不整でないかどうか、また「絵師の上手にたくまのほうけんと申しける絵師を召して」において「絵師」が重複していることなどは気になり、版本の「本文」に何程かの不整さがあることが推測されはする。

写本「きこへし」は動詞「キコエ」の連用形「キコエ」＋助動詞「キ」の連体形「シ」のかたちを採り、版本は動詞「キコユ」の連体形「キコユル」のみのかたちを採る。そのことのみをみて、写本側から表現すれば、写本において使われていた助動詞を、版本は使っていない、ということになる。助動詞を使うか使わないかによって、いうまでもなく文意が変わるのだから、助動詞を使った文と使わない文とでは表現そのものが異なることになる。しかし、その助動詞がさほど機能していないのであれば、表現はさほど変わらないとみることもできる。そうした場合には、助動詞も流動しやすい要素ということになる。写本に「ちゝの大しんとのおとろきなけかせ給ふ」とある箇所、版本には「ちゝ大臣もをどろかせ給ひて」とある。「ちゝの大しん」ではいわゆる同格の「ノ」を介して「ちゝ」と「大しん」とが並べられているが、版本では「ノ」を使わずに「ちゝ」と「大しん」とが並べられている。写本は「おとろきなけかせ給ふ」と、動詞「オドロク」と「ナゲク」とを続けているが、版本には「をどろかせ給ひて」とあって、「ナゲク」が使われていない。Ｘ

とあった箇所に、Xと類義のYを加えて「X、Y」という表現を新たにつくることは容易で、類義語を並べることによって、表現を「増幅」させることができる。もちろん逆に、「X、Y」とあった箇所からXあるいはYを削ることもできる。表現を「増幅」させたい場合は加え、「整理」したい場合には削ることになる。類義語は「連合関係」にある語であり、こうした箇所に注目することによって、ある時期の「連合関係」を探ることができると考える。

写本に「御とも申候はんとの給へは」(二十六頁三行目)とある箇所と対応すると思われる箇所が、版本には「御とも申さんとのたまへは」(上十四丁裏九行目)とあり、写本においては「申候はん」と補助動詞が使用されている。補助動詞を使うか使わないかといったことも「流動」しやすいことが推測される。

写本に「そのくるしみやむ／事さらになし」(二十七頁六行目～七行目)とある箇所、版本には「かのくつうやむ事なし」(中二丁裏一行目～二行目)とある。「その」と「かの」とにおいては、代名詞「ソ」と「カ」とが異なっており、こうしたことも「流動」しやすいであろう。また副詞「サラニ」の有無も「流動」しやすいと思われる。写本に「おもへははかなきものあらし」(二十九頁参行目)とある箇所が、版本では「は／かなき事はよもあらし」(中三丁表三行目～四行目)とあって、版本には副詞「ヨモ」が使われている。あるいは写本の「これよりかへらせ給へ」(二十九頁七行目～八行目)が版本には「これよりはやかへらせたまへ」(中三丁表拾行目)とあって、版本では副詞「ハヤ」が使われている。

また、ここでは写本が和語「クルシミ」を使っている箇所で版本は漢語「クツウ(苦痛)」を使っている。これは、和語「クルシミ」と漢語「クツウ(苦痛)」とに「連合関係」が成り立っていることを思わせる。和語が当該和語と語義の「ちかい」和語に入れ替わっている箇所では和語と和語との「連合関係」が成り立っていることが推測される。写本において「わらはまい月くらまへまいる身にて」(二十九頁九行目～十行目)とある箇所、版本には「わらは／まひ月くらまへ。まうて申わか身なれは。」（中三丁裏五行目〜六行目）とある。「わらは〜わか身なれは」はいささか不整であるが、写本は動詞「マイル（参）」を使い、版本は動詞「マウヅ（詣）」を使っており、両語の重なり合いが看取される。

写本に「みやもさすかにすてかたくおほしめし」（二十八頁六行目）とある箇所は版本には「みやもさすかにあはれとおほしめし」（中二丁裏九行目〜十行目）とあって、「すてかたく」と「あはれと」とが交替しているようにみえる。「ステガタク」と「アハレト」は（いうまでもなく）語が異なり、それにともなって語義も相当に異なる。しかし、両語の語義に重なり合いがあるために、「ステガタク」が「アハレト」に交替した、あるいは語Xが「ステガタク」に変わり、また別の機会に語Xが「アハレト」に変わる、といったことがあったと考えるのが自然で、こうしたことがらは直接的には採りあげにくいけれども、具体的な例に基づいて考えてみたいことがらではある。写本の「いつくそととひ／給へは」（三十頁九行目〜十行目）は版本においては「これはいつくそとたつね／たまへは」（中四丁表七行目〜八行目）となっており、「トフ」と「タヅヌ」とが交替している。

写本に「いつくのくものはてまてもとて御そてに／すかり給ていは屋のうちへそ入給ふこのおくへ入／よりして月日のひかりもなし」とある箇所、版本には「をなしくはゆ水のそこ／までも御とも申さんとて。みやのたもとに／とりつきてあなのそこへそ入給ふ。日のひかり／も月のひかりもみえす。」とある。

写本の「御そてにすかり給て」の箇所、版本には「みやのたもとにとりつきて」とあり、「御そて」とあることによって、この「ソデ」は「をにのむすめ」すなわち「みや」の袖であることがわかるが、版本は「みやのたもと」と表現することによって、それを顕示的に表現していると覚しい。こうしたことを仮に「パラフレーズ」と呼ぶことにするが、こうした「パラフレーズ」がテキストが書写されていく過程において行なわれることはむしろ自然なことといってよいと考える。また右においては、「トリック」と「スガル」との交替がみられる。また「月日のひかりもなし」と「日のひかりも月のひかりもみえす」とを対照すると、後者の表現がより丁寧な説明とみえる。これも「パラフレーズ」といってよいと考えるが、その「パラフレーズ」にあたって、「月日」が「日〜月」となっていることは興味深い。

写本に「おなしくもんをそたてたりける中将これはいつくそととはせ給へはこれこそわらはかち、大わうのきわうのしやうのそうもんなれ」(三十一頁六行目〜八行目)とある箇所、版本には「おなしく。もんをそ立たりけり。ちうしやうこれを御らんして。これはなにそととひたまへは。みやのたまはく。これこそわらはかすむきこくのじやうのそうもむなり。」(中五丁表四行目〜七行目)とある。ここでは写本が「ゾ〜ケル」、「コソ〜ナレ」と係り結びに関して正則ないきかたをみせるのと対照的に版本は「ゾ〜ケリ」、「コソ〜ナリ」と、「ゾ」「コソ」いずれに対しても終止形で終わる。こうした箇所も「揺れ」を示す箇所といえよう。版本は続く箇所においては「あか丶ねのもんをそたてたりける」(中五丁表九行目)とあって、版本が正則なかたちをみせないわけではない。

写本に「玉をつらね」(三十三頁四行目)とある箇所、版本には「たまをつらねて」(中六丁表五行目)とある。ここでは写本が動詞連用形を使っている箇所において、版本では「動詞連用形+助詞テ」の形式を使う。こうした箇所は少なくない。

拙書『文献日本語学』(二〇〇九年、港の人刊)において、『宇治拾遺物語』を採りあげたことがある。その際に、近世初期写と目されている宮内庁書陵部蔵本(a本)、近世極初期写と目されている陽明文庫蔵本(f本)、寛永頃写と目されている龍門文庫蔵本(h本)の第八十六話の「本文」を対照し、a本、f本が「うけとりつ丶悦てふしおかみてまかり出にけり」とある箇所、f本が「うけとりつ丶悦てふしおかみまかり出にけり」とあることについて、「この、接続助詞「テ」の有無に関しては、h龍門文庫蔵本が古いかたち、「古態」を残している可能性があることになる」（七十九頁）と述べた。それは、「テ」を添えない言い方から「テ」を添える言い方へと「史的に展開したことが確認されていれば」（八十頁）という前提のもとでの謂いであったのだが、説明が不十分であった。説明の不十分さは、その時点においての稿者の考えの不十分さでもあった。

工藤力男氏はこの『文献日本語学』の書評（二〇一一年『日本語の研究』第七巻第一号）において、「このくだりを読んだ読者の中には首を傾げている人が多いのではないか。書陵部蔵本の廿行中にかかる叙述は十箇所ほどあり、全巻では膨大な数になるだろう。それを一例だけで推論するのは危険で、かかる箇所がほかにはないことを言わなくては説得力がない」（四九頁上段）と述べ、「反証」を示された。工藤力男氏の述べていることはそのとおりであって、テキストとしての龍門文庫蔵本全体が古態を保っていると主張するのであれば、「テ」の使用状況だけではなく、さまざまな観点からそれを検証する必要がある。拙書の「残している可能性がある」は、当たり前すぎて工藤力男氏はそうは理解されなかったと思われるが、この箇所（のみ）についての謂いであった。このことがらについても、先の「ヲ」と同様に考えられないだろうか。すなわち、歴史的には「テ」を添えない言い方から「テ」を添える言い方へと展開した。しかし、潜在的には「テ」を添えない言い方が使われる可能性が（いついかなる時でも）あったと考えられないだろうか。もしもそう考えてよい言い方はいわば「生き続けて」いて、「テ」を添える言い方が主流となった時点においても、「テ」を添えないのであれば、なおさら、「テ」を添えているかいないかは「判断」の基準とならないことになるが、そうしたみかたが可能ではないかという予想が『文献日本語学』における表現を曖昧にしてしまった。このことがらについては、さらに慎重に考えてみたい。

第三節　辞書の語釈

まず、辞書体資料の基本的なかたちを「見出し項目＋語釈」と考えることにする。逆にいえば、「見出し項目＋語釈」という「かたち」をもっているテキストを辞書体資料としてとらえるということでもある。「語釈」は「見出し項目」の何らかの説明とみることができる。いろいろな説明のしかたがある。漢語「イコウ（威光）」を「人をしたがわせる立場にある者の持つ、人をしたがわせる力や勢い」（『三省堂国語辞典』第七版）と説明するのは、「説明的説明」といえよう。「イコウ（威光）」を「勢ノ畏レ敬フベキコト」（『言海』）と説くのも「説明的説明」である。一方、漢語「イケン（威権）」と「威光ト権柄ト。権威」（『言海』）と説く場合、「威光ト権柄ト」はどちらかといえば「説明的説明」であるが、語釈末尾に置かれた「権威」は「（類義）語による説明」である。これは「イケン（威権）」という語の語義を「ケンイ（権威）」という語の語義をもって説明しているとみることができ、「イケン（威権）とはケンイ（権威）である」という形式の説明ともいえる。辞書において、語Xの語釈に「語Y（と同じ）」とあり、語Yの語釈に「語X（と同じ）」とあることを「堂々巡り」と称して、忌避する現代の辞書編集者もあるが、語が連鎖している以上、こうした「堂々巡り」はむしろ自然なことともいえよう。現代において、販売されている辞書がこうした「堂々巡り」を積極的に回避するということは「販売」ということとかかわってあり得ることであろうが、そうした「説明」が不自然ということはなく、むしろ、言語使用者はそのように「語の連鎖」を使って語義の理解をしているのではないか。

　ある時間の幅を設定して、その時間の幅の内部において、「語の連鎖」がどのように形成されているかを探ることは、丁寧な準備をすれば、ある程度までは可能であろう。しかし、同時代の言語使用者はすべてまったく同じ「語の連鎖」をもっているかといえばそうではないことが推測され、「揺れ」ながら、共通した「語の連鎖」がある程度観察できるという状態であることが推測される。「語の連鎖」は「連合関係」と言い換えてもよい。

本節においては、辞書の語釈を観察対象として、そこにどのように「連合関係」があらわれているかについて考えてみたい。しかしそもそも「連合関係」というみかたは、共時的な言語態に設定されるみかたといえよう。しかしまたそうであるとするならば、あるテキストXとあるテキストYとに、同じ（ような）「連合関係」が観察される場合は、あるテキストXとあるテキストYとの成立が具体的には隔たっていたとしても、その時間幅を共時的にとらえてよいことになる。ここではそうしたみかたについて考えてみたい。

ここでは古本『節用集』に含めて考えられている「和漢通用集」と、明治七（一八四七）年七月に刊行された岩崎茂實編『新撰字解』とを採りあげてみる。「和漢通用集」は寛永（一六二四〜一六四四）頃に書写されたと考えられており、そうであれば、両テキスト成立の間には二百年ほどあることになる。日本語を大きく古代語と近代語とに分けるならば、「和漢通用集」も『新撰字解』も近代語時代に成立したことになり、そうみれば「共時」ということになる。江戸時代と明治時代とは連続しており、そのことからすれば、言語もまずは連続しているとみるのが自然である。その一方で、江戸時代と明治時代とでは、社会のありかたや生活が変化したこともたしかで、そうしたことに起因して、言語上の不連続が生じることも当然考えられる。ここではまず「連合関係」における連続性について述べることにする。「和漢通用集」各部の言語門に載せられている漢語及びその語釈と『新撰字解』が見出し項目としている漢語の語釈とを対照できるようなかたちで、次に例示する。必要がある場合以外は両テキストの振仮名を省いて引用した。

威光　いせいの義　威勢　権門也　勢《いきおい》　いせい也	和漢通用集い部言語
威光　イキホヒ　威勢　同上	新撰字解五丁表一行目
委細　くはしき也　委曲　同義	和漢通用集い部言語
委曲　コマゴマシキ　委細　コマコマシ	新撰字解五丁裏一行目
露顕　あらはる丶也	和漢通用集ろ部言語
露顕　アラハル丶	新撰字解十五丁表九行目
徒然《とぜん》　つれ〳〵也	和漢通用集と部言語
徒然　ツレヅレナルサマ	新撰字解三十八丁裏十一行目
和談　中なをり也	和漢通用集わ部言語
和談　ナカナヲリ	新撰字解五十六丁表十一行目
邂逅　たまさか也	和漢通用集か部言語
邂逅　タマサカ	新撰字解七十丁表六行目
退散　各かへる也	和漢通用集た部言語
退散　ヲモヒヲモヒニカヘル	新撰字解七十六丁裏九行目
存外　おもひの外也	和漢通用集そ部言語
存外　ヲモヒノホカ	新撰字解八十八裏八行目
追福　追善也　先祖を弔義	和漢通用集つ部言語
追福　ホウジヨスル　追善　同上	新撰字解九十一丁表九行目
濫觴　始之義	和漢通用集ら部言語

濫觴　ハジマリ　新撰字解九十五丁裏九行目

運送　はこびおくる也　和漢通用集う部言語

運送　ハコビオクル　新撰字解九十七丁裏八行目

農業　百姓の所作　和漢通用集の部言語

農業　百セウノシワザ　新撰字解九十八丁裏一行目

約諾　やくそく也　約束　和漢通用集や部言語

約諾　ヤクソクシウケガフ　新撰字解一〇七丁裏十一行目

権柄　時のいせい　権勢　同義　和漢通用集け部言語

権威　ケントイセイトアル

権勢　同上　権要　同上　権柄　同上　新撰字解一一〇丁表六行目

軽微　少分之義　軽薄　同義　和漢通用集け部言語

軽少　モノ、スクナヒ　軽微　同上　新撰字解一一三丁表十一行目

軽薄子カルハヅミナル人　新撰字解一一三丁裏六行目

嶮岨　道のけわしき也　和漢通用集け部言語

嶮岨　ケワシ、　新撰字解一一七丁表五行目

叡覧　天子の御覧也　和漢通用集え部言語

叡覧　天子ノコラン　新撰字解一三五丁表四行目

哀憐　人をあはれむ也　和漢通用集あ部言語

哀憐　アハレム　新撰字解一四五丁表三行目

禁制《きんぜい》　法度　禁断　きんぜいする也　　和漢通用集き部言語
禁制　イマシメトドメル　禁止　同上　禁斷　同上　　新撰字解一五五丁表三行目
虚誕　うそ也　　和漢通用集き部言語
虚妄　ウソ　虚誕　同上　　新撰字解一六四丁表一行目
喜悦　よろこぶ也　　和漢通用集き部言語
喜悦　ヨロコブ　　新撰字解一六八丁裏二行目
迷惑　まよひまどふ　　和漢通用集め部言語
迷惑　マヨヒマドフ　　新撰字解一七一丁表七行目
親疎　したしきうとき也　　和漢通用集し部言語
親疎　チカシキトウトキ　　新撰字解一七二丁裏一行目
尋常　よのつね也　　和漢通用集し部言語
尋常　ヨノツネ　　新撰字解一八八丁裏七行目
披閲　ひらき見る也　披見　同義　　和漢通用集ひ部言語
披見　ヒラキミル　披閲　同上　　新撰字解二〇八丁裏九行目
誹謗　そしる也　　和漢通用集ひ部言語
誹謗　ソシルコトバ　　新撰字解二〇七丁裏六行目
問答　といこたふる也　　和漢通用集も部言語
問答　トヒコタヘ　　新撰字解二一〇丁裏十二行目
誓願　ちかいねがふ也　　和漢通用集せ部言語

誓願　チカツテネガフ　新撰字解二一七丁裏八行目
寂寞　さびしき也　寂寥　同義　和漢通用集せ部言語
寂寂　モノサビシ　寂然　同上　寂寥　同上　寂寞　同上　新撰字解二一九丁表九行目
静謐　しつかの義　和漢通用集せ部言語
静謐　シヅカ　新撰字解二二五丁裏五行目
推量　おしはかる也　和漢通用集す部言語
推量　ヲシハカル　新撰字解二二七丁表九行目
推問　おしてとふ也　和漢通用集す部
推問　ヲシテトフ　新撰字解二二七丁表六行目

「和漢通用集」において、漢語「イコウ（威光）」は「イセイ（威勢）」だと説明され、その漢語「イセイ（威勢）」は「ケンモン（権門）」であると説明されている。一方、和語「イキオイ」は漢語「イセイ（威勢）」であると説明されている。「イコウ＝イセイ」で「イキオイ＝イセイ」であるとすれば、「イセイ」の両側に漢語「イコウ」と和語「イキオイ」とが結びつくかたちで「語の連鎖＝連合関係」が形成されていることが窺われる。これを図示すると次のようになる。

イコウ―イセイ―イキオイ

『新撰字解』においては、漢語「イコウ（威光）」を和語「イキオイ」で説明し、漢語「イセイ（威勢）」も同じであるという。これを図示すると次のようになる。

イコウ―イキオイ―イセイ

「和漢通用集」の連鎖と『新撰字解』の連鎖とは少しかたちが異なる。「和漢通用集」においては、漢語「イコウ」と漢語「イセイ」とでは、語釈に使われた漢語「イセイ」の語義の難易度がひくいと思われる。漢語「イコウ」は見出し項目として採りあげて説明をしたいような漢語で、漢語「イセイ」は説明に使うことができるような漢語であった。さらにいえば、和語「イキオイ」の説明の漢語「イセイ」が使われているのであって、このことからすれば、（誤解を恐れずに表現すれば）漢語「イセイ」は和語に接近していたことになる。『新撰字解』のかたちからあまり多くのことは「よむ」ことはできないけれども、はじめに漢語「イコウ（威光）」を掲げていることは有意の現象であろう。まず説明しようとしたのは「イコウ（威光）」で、「イセイ」はそれと同じであるという認識を示しているようにみえる。ここで採りあげている二つの辞書体資料の観察から多くのことを述べることは控えるが、それでも鳥瞰的にみれば、「イコウ・イセイ・イキオイ」の三語の間に連鎖が成り立っていることは確かなことで、その点において寛永頃と明治初年とは変わらないことになる。

「イサイ（委細）」「イキョク（委曲）」においては、「和漢通用集」と『新撰字解』とが語釈に置いた語は「クワシ」と「コマゴマシ」とで一致はしていない。しかし、それぞれのテキストが両語に同じ語釈を置いていることから、「イサイ」の語義と「イキョク」の語義とを等しいものとして捉えていることは一致している。つまり、「和漢通用集」が成立した時期も「イサイとはイキョクのこと」であったし、『新撰字解』が成立した時期もそうであったことがわかる。これも「語の連鎖」「連合関係」が共通していることを示している。「ツイフク（追福）」と「ツイゼン（追善）」とについても、「和漢通用集」には「追福　追善也　先祖を弔義」とあって、「ツイフク（追福）」を「ツイゼン（追善）」によって説明している。『新撰字解』も「ツイフク」と「ツイゼン」とを同義とみている。例えば現代刊行されている小型国語辞書として『三省堂国語辞典』第七版を採りあげてみる。「イサイ（委細）」は見出し項目として採られており、かつ「社会常識語」の符号が附されている。

その一方で、見出し項目「イキョク（委曲）」には「文章語」の符号が附されている。また「ツイゼン（追善）」の語義は「死んだ人の冥福をいのること」、「ツイフク（追福）」の語義は「［死んだ人の］冥福（をいのること）」と説明されており、括弧の有無はあるが、同じ説明がなされており、現代の認識においても、「ツイゼン（追善）」と「ツイフク（追福）」とは同義であることがわかる。また『集英社国語辞典』第三版においては、「ツイゼン（追善）」は「死者の冥福を祈って仏事などを行うこと。追福」と説かれ、「ツイフク（追福）」は「（文章）追善」と説かれており、ここでは「ツイフク」が文章語とされている。『三省堂国語辞典』第七版と『集英社国語辞典』第三版とでは、右に述べたように、記述に小異があるが、鳥瞰的には共通しているといえよう。すなわち、「イサイ」と「イキョク」においては、前者が現代において、話しことばでも使われる語、後者は書きことばにおいて使われる語という違いがあり、「ツイゼン」と「ツイフク」においては、やはり前者が使われる語で、後者は書きことばとして使われることがある語、ということになろう。

明治期から現代に到るまでの間に、漢語語彙がどのような変遷を遂げたかということは、その期間の語史としても興味深いが、一つのモデルとして整理することができるのであれば、それを日本語の歴史に反照させて、再度日本語の歴史をみなおすということもできるのではないか。

漢語「メイワク（迷惑）」を「まよひまどふ」（和漢通用集）のように理解するのは、漢字列「迷惑」の上字下字の訓を考え併せれば当然のことともいえよう。しかし「和漢通用集」が、見出し項目としている漢語すべてにわたって、訓を媒介としたそのような語釈を置いているわけではもちろんなく、この一例が「そうとしか説明できない」例であるとはいえないが、理解のしかたが『新撰字解』と一致していることはたしかなことと考える。こうした例は、「ウンソウ（運送）」の「はこびおくる」、「モンドウ（問答）」の「とひこたふる」、「セイガン（誓願）」の「ちかひねがふ」、「スイリョウ（推量）」の「おしはかる」、「スイモン（推問）」の「おしてとふ」など少なくない。

右では成立時期に隔たりのある二つの辞書体資料に同じ「語の連鎖」、連合関係が看取されること、つまり「揺れ」がみられないことを指摘した。次には、成立時期に隔たりのない二つの辞書体資料に異なる「語の連鎖」、連合関係すなわち「揺れ」が看取されると思われる例について述べることにする。明治十年に刊行された片岡義助編輯『〔御布令／新聞漢／語必用〕文明いろは字引』と明治十二年に刊行された村上快誠『必携熟字集』とを採りあげることにする。振仮名は必要な場合のみ施す。

		文明いろは字引		必携熟字集	
1	窮民	コンキウノタミ	八五丁表	ナンギナタミ	下二七六丁裏
2	窮迫	サシセマル	八五丁表	クルシミセマル	下二七六丁裏
3	窮困	クルシム	八五丁裏	コマリハテル	下二七六丁裏
4	窮厄	クロヲスル	八五丁表	ナンギ	下二七六丁裏
5	管轄	トリシマリスル	五三丁裏	シハイスル	下二七九丁裏
6	粗暴	アラアラシ	四四丁裏	テアラシ	下二八二丁表
7	粗糲	ソマツナシヨクジ	四四丁裏	ソマツナメシ	下二八一丁裏
8	粗慢	グズグズスル	四四丁裏	ソソウニズルイ	下二八二丁表
9	粗才	スクナキサイチ	四四丁裏	タラヌサイキ	下二八二丁表
10	粗陋	ソマツデミニクシ	四四丁裏	ソマツデミニクシ	下二八二丁表
11	精巧	コマカキサイク	一二〇丁表	コマカキサイク	下二八二丁裏
12	精神	タマシイ	一二〇丁表	タマシヰ	下二八二丁裏

13	精敏	スバヤシ	一二〇丁表	スバヤシ	下二八三丁表
14	精鮮	アタラシイ	一二〇丁表	アタラシイ	下二八二丁裏
15	精撰	エラビアゲル	一二〇丁表	ネンヲイレテエラム	下二八二丁裏
16	精衷	マコトノココロ	一二〇丁表	マコトノココロ	下二八二丁裏
17	精微	ゴクコマカ	一一六丁表	ゴクコマカシ	下二八二丁裏
18	紛失	モノヲウシナフ	六三丁裏	マギレウシナフ	下二八五丁裏
19	紛乱	マギレミダルル	六四丁表	ミダレル	下二八五丁裏
20	紛争	ケンクワ	六四丁表	イサカヒ	下二八五丁裏
21	紛雑	イリマジリ	六四丁表	イリマジリ	下二八五丁裏
22	絶代	ヨニマサル	一二〇丁裏	ヨニマレナ	下二八七丁表
23	絶滅	タヘキユル	一二〇丁裏	タヘキユル	下二八七丁表
24	絶険	ナンジヨ	一二〇丁裏	ケハシキ	下二八七丁表
25	書式	カキフリ	九九丁裏	カキカタ	下三〇二丁表
26	書林	ホンヤ	九九丁裏	ホンヤ	下三〇二丁表
27	艱苦	ナンギクルシム	三四丁表	クルシム	下三一四丁表
28	艱難	ナンギクルシム	三七丁裏	ナンギ	下三一四丁表
29	苛政	ムゴキマツリゴト	三三丁表	ヒドキセイジ	下三一五丁表
30	苛刻	ムゴキシワザ	三三丁表	ムゴイ	下三一五丁表
31	苛令	ムゴキゲヂ	三三丁表	コマカナオフレ	下三一五丁表
32	苛法	ムゴキオキテ	三三丁表	コマカニスギタルハフ	下三一五丁表
33	落膽	キモヲオトス	五〇丁表	キモヲヲトス	下三一九丁裏

34	落薄	オチブレル	五〇丁表	ヲチブレル	下三一九丁裏
35	落剥	オチブレル	五〇丁表	ヲチブレル	下三一九丁裏
36	落成	デキアガル	五〇丁表	デキアガル	下三一九丁裏
37	落去	モノノオハリ	五〇丁表	モノノヲハリ	下三一九丁裏
38	薄材	オロカ	九丁裏	トボシキサイキ	下三二二丁表
39	薄物	スコシノモノ	九丁裏	ワヅカナモノ	下三二二丁表
40	街道	ミチスジ	三八丁裏	ミチ	下三一八丁表
41	街説	セケンノハナシ	三八丁裏	ユキキノハナシ	下三一八丁表
42	街燈	マチナカノトウロ	三八丁裏	マチナカノトモシビ	下三一八丁表
43	衰運	ウンガヲトロヘル	一二四丁表	カイナキウン	下三一九丁裏
44	衰耄	トシヨリ	一二四丁表	トシヨリ	下三一九丁裏
45	衰傾	ヲトロヘカタムク	一二四丁表	ヲトロヘカタムク	下三一九丁裏
46	衰業	ヲトロヘタルシワサ	一二四丁表	ヲトロヘタルシワザ	下三一九丁裏
47	解顔	キゲンノヨキコト	三五丁裏	エガホ	下三三六丁表
48	信睦	マコトニムツマジ	九七丁裏	ムツマジヒ	下三三七丁表
49	記録	コトヲシルス	八四丁表	コトヲシルシタルホン	下三三八丁表
50	診察	ミヤクヲミル	九八丁表	ヤマヒヲミル	下三三九丁裏

五十例を挙げた。10・11・13・14・16・21・23・26・34・35・36・37・44・45・46のように、『文明いろは字引』の語釈と『必携熟字集』の語釈とが（仮名遣いは措くとして）まったく一致している見出し項目も少なからずみられる。これは両テキストの成立が二年しか隔たっていないことからすれば、当然のこととみておき

たい。両テキストの語釈がどの程度一致していると、両テキストの直接的な関係、すなわち右の場合でいえば、『必携熟字集』が『文明いろは字引』を参照していた、と現代人が感じ始めるかはわからないけれども、辞書体資料に関しては、これまでそうしたみかたがとられることが多かったといえよう。そうしたみかたを否定するつもりはもちろんない。しかし、両テキストの語釈が百パーセント一致していれば、両テキストに直接的な関係がある、と考えるのが自然ということになり、その百パーセントを一方の「極」として、どの程度重ならなければ、そうした「疑い」を感じなくなるのだろうか。三十パーセント程度も「一致」とみなされる場合もあり、その一方で、八十パーセント一致していても、二十パーセントが不一致だとみなされる場合もある。もちろん、その一致不一致の数値の「価値」は場合場合によって異なるであろうから、一致率のみを話題にすることはできないが、そうしたことに関して、共通理解を形成する必要もあろう。

言語が共有されていれば、ある語の語義を説明する場合に、相当に似寄った説明をすることはあろう。説明に使うことができる言語量が「漢語辞書」のように制限されていれば、説明が似寄る可能性はたかまるのではないか。右では、両テキストの語釈が一致しているものもあげた。今ここでは、両テキストの成立には直接的な関わり合いはない、と前提しているので、「一致」は言語が共有されているための「一致」とみている。しかし、(今後ともそうした「証明」は難しいと考えるが)両テキスト間に直接的な関わり合いが(部分的にせよ)あったとすれば、「一致」の理由は変わる。

ここでは、「一致」がみられる一方で「不一致」があるということを考えたい。例えば、20においては、漢語「フンソウ(紛争)」の説明に、『文明いろは字引』は漢語「ケンカ(喧嘩)」を置き、『必携熟字集』は和語「イサカイ」を置く。これは「フンソウ(紛争)」と結びついている語の異なりを示しているようにみえる。あるいは50においては、漢語「シンサツ(診察)」の説明が、『文明いろは字引』では「ミャク(脈)を見る」であるが、『必携熟字集』では「ヤマイを見る」で、見る対象が異なっている。5においては、漢語「カンカツ(管轄)」が、『文明いろは字引』では「トリシマリスル」と和語で説明されているが、『必携熟字集』では「シハイ(支配)スル」と漢語で説明されており、「カンカツ(管轄)」と結びついている語が異なる。29においては、漢語「カセイ(苛政)」の説明に、『文明いろは字引』は「ムゴキマツリゴト」を置き、『必携熟字集』は「ヒドキセイジ」を置く。「苛政」の上字の説明も「ムゴキ/ヒドキ」とやや異なるが、下字「政」の説明が、和語「マツリゴト」と漢語「セイジ(政治)」とで異なる。31においては、『文明いろは字引』の説明が「ムゴキゲヂ」、『必携熟字集』の説明が「コマカナオフレ」で、「苛令」の上字の説明がやはり「ムゴキ/コマカナ」でやや異なり、下字「令」の説明が漢語「ゲヂ(下知)」と和語「オフレ」とで異なっている。

ある語と結びつきを形成している語は一つとは限らないので、複数ある語のどれを語釈として使うかには「揺れ」が生じることは当然であろう。しかし、誰が考えても同じ語釈になる場合があるとすれば、その見出し項目の語と語釈との結びつきは言語使用者によって、「揺れ」が生じないような固いものであることになる。「揺れ」が言語変化に関わっているとすれば、まずは「揺れ」を具体的に拾い上げ、それがどのようなところに観察できるかということを確認していく必要があると考える。

第三章

『節用集』にみられる「揺れ」

第一節　伊勢本と印度本と

第五巻においては古本『節用集』を採りあげた。ここでは『節用集』を分析対象として、辞書体資料『節用集』にみられるさまざまな「揺れ」について考えてみたい。

ある形態と内容とをもつテキスト群を古本『節用集』と呼ぶことがあるが、そのように呼ぶということは、あるテキスト群を一つのものとしてみているということでもある。古本『節用集』を、さらにい部の冒頭に置かれている見出し項目によって、「伊勢本」「印度本」「乾本」の三群に分けることも一般的であるといってよい。三群に分けているのだから、分けられるだけの「異なり」があるということで、それをテキストの「揺れ」とみなすこともできる。上田萬年、橋本進吉「古本節用集の研究」(一九一六年『東京帝国大学文科大学紀要』第二)は次のように述べている。

伊勢本に存する日本諸国名は、印度本の附録のを移し収めたものではなく、印度本も、其の根源は伊勢本から出たものであつて、附録に日本国尽を加へた為、本文中の諸国名を省き去つたものであらうと思はれる。此の推測は十分確実なる根拠を缺くものであるけれども、印度本の諸本に通じて存する語は、伊勢本の諸本に通じて存する語よりも多く、又、附録も、伊勢本は概して少いが、印度本は大概甚多くして多大の増加を施したものと見えるから、此等の点から観ても、伊勢本を以て印度本の原本とするのは、必しも不当の考ではあるまいと想ふのである(二三三～二三四頁)

併しながら、若し幸にして我々の推定に甚しい誤が無いとしたならば、乾本は印度本から出たもの、印度本は伊勢本から出たものであるから、伊勢本の原本は、あらゆる節用集の原本である（乾本が印度本を経ずして直に伊勢本から出たとしても、伊勢本の原本が諸本の根源であることは同様である）（二五三頁）

右では「印度本は伊勢本から出た」「乾本は印度本から出た」という表現が採られている。これは「現在、伊勢本と呼ばれているような形態のテキストから、現在、印度本と呼ばれているような形態のテキストがうまれた」「現在、印度本と呼ばれているような形態のテキストから、現在、乾本と呼ばれているような形態のテキストがうまれた」ということであって、その、「うまれた瞬間」においては、時間的な前後関係があるけれども、すべての「伊勢本」が書写されてから、「印度本」がうまれ、すべての「印度本」が書写されてから「乾本」がうまれたということではない。「乾本」に属する易林本には「慶長二［丁／酉］易林誌」とある。易林本が実際に慶長二（一五九七）年に刊行されたかどうかは不明であるが、この慶長二年を易林本の成立の目安にすることは許されよう。ところで、「慶長九年［甲／辰］水無月七日書寫畢　筆者　舜□」と奥書にあることをもって「慶長九年本」と呼ばれている「印度本」に属するテキストが国立国語研究所に蔵されている。このテキストが、奥書に記されているように、慶長九年に書写され、易林本が慶長二年に刊行されたのだとすれば、「乾本」がうまれた後も、「印度本」が書写されていたことになる。また東京大学には奥書に「慶長拾貳年九月廿一日　与作」と記されていることをもって「慶長一二年本」と呼ばれている「伊勢本」が蔵されている。この「慶長一二年本」が慶長一二年に書写されたのであれば、「乾本」がうまれてから書写された「伊勢本」であることになる。したがって、「乾本」がうまれてからも、「伊勢本」「印度本」は書写されていたと推測される。

テキストの生成ということに関しては「伊勢本→印度本→乾本」という「順」が考えられるが、それがそのまま具体的なテキスト成立の「順」ではないことを改めて確認しておきたい。古本『節用集』という括りかたは、そうしたことを考え併せた場合に、より意義をもつのではないか。室町時代末期から江戸時代初期にかけての時間幅において、古本『節用集』と呼ぶことができるようなテキスト群が成立していたということを確認して考えを進めることにする。

「伊勢本」と「印度本」とを対照するといえば、尾籠の沙汰のように聞こえるかもしれないが、これまでにされてきた推測が正しいのであれば、「伊勢本」を原本として書写するにあたって、「伊勢本」各部の冒頭、すなわち各部の「天地門」の冒頭に置かれていたであろう日本諸国名などをはずして、「附録」にした人物Xがいたことになる。この人物Xが書写を終えた時が「印度本」が「うまれた瞬間」ということになる。現在「印度本」と呼ばれるテキストをみると、「印度本」は「伊勢本」の日本諸国名をはずしただけではないと思われる。そこで、「伊勢本」と「印度本」とは辞書体資料としてどこが異なるかということについて考えてみたい。「伊勢本」「印度本」として、具体的にいかなるテキストを採りあげるかによって、対照の結果はかなりな程度異なることが予想されるが、「伊勢本」として、古態を保っていると思われる「正宗文庫本」を、「印度本」としては、「黒本本」を採りあげてみることにする。また当然のことながら、対照はごく限られた範囲で行なうことになる。

「正宗文庫本」い部言語進退門の見出し項目をまず挙げ、それがどのように「黒本本」に取り込まれているかという検証を試みることにする。「正宗文庫本」の見出し項目に項目番号を附し、振仮名は見出し項目の下に丸括弧に入れて片仮名で示す。語釈が附されている場合は語釈も示した。繰り返し符号には仮名をあてた。算用数字の上部に○を附した見出し項目は元和版『下学集』においても見出し項目となっているもの。

△はそれに準じるものとみなすことができると判断したもの。検索は森田武編『元和版下学集索引』（一九五三年、高羽五郎『国語学資料』第十二輯）に依った。

正宗文庫本	黒本本
1　印可（インカ）　印ハ信也可ハ許也	1
○2　威儀（イギ）　袈裟－－	10
○3　慇懃（インギン）	2
	3　粲敷候（イミシクソロ）
4　囲遶（イネヤウ）渇仰	104
○5　威徳（イトク）	11
6　一堦度僧（カイドノソウ）	90
○7　威光（イクワウ）	8
8　音信（インシン）	4
	5　止綺（イロイヲヤム）
○9　威勢（イセイ）	9
10　意趣（イシユ）	13
11　意見（イケン）或作異-	7　異見（イケン）又作意見
12　因果（イングワ）	●見出し項目ナシ
13　最愛（イトシイ）	64　振仮名イトヲシイ
	65　糸惜（同）
	66　飆悠（イゴメク）

14 忙敷(イソガワシ)或作忩-
15 何比(イツゴロ)
△16 一圓(ヱン)

67 易色易様(イロヲカヘサマヲ)
68 引物(インブツ)
○69 引導(インダウ)
70 醫術(イジユツ)
71 醫骨(イコツ)
72 希惜(イ□ブル)
73 氣調(イキザシ)
74 今□覚候(イマハカウヨトヲボヘソロ)
○75 所謂(イワユル)
76 神申(イノル)
77 屑少(イササカ)
78 荘氣(イタイケ)小児--
79 孰与(イヅレ)
80 去来(イザ)
81 利鬼(イララク)
82 長吟(イヤメヅラナリ)
83 半漢(イサム)
6 語釈ナシ
◎ 何比(イツコロ)時節門
18
19 一端(タン)

17 何鹿(イツシカ)
18 遺恨(イコン)
19 隠居(インキヨ)
20 暇請(イトマゴイ)或作―乞
○21 早晩(イツカ)
22 異相(イサウ)
23 異標(イヘウ)
○24 違乱(イラン)
25 違背(イハイ)
26 一段(イチダン)
○27 逸興(イツカウ)興同
28 委細(イサイ)
29 何篇(イヅレヘン)或作‐邊
30 何躰(イカテイ)

40
14
33
38
39 暇乞(同=イトマゴイ)
46
47 意巧(イゲウ)
48 不知(振仮名ナシ)
49 一生不犯(イツシヤウフボン)
15
17
63
61
○62 帥師(イクサヲヒキフ)帥通作率
21
43
44
45 委曲(イキヨク)
31
32 何邊(同=イヅレヘン)
41

31 違例（レイ）病也
32 痛敷（イタワシキ）

33 一落索（イチラクサク）落-字或作絡ト
34 一揆（キ）
35 一味（ミ）
36 逸物（イチモツ）奴儀也鷹犬猫也

37 幾度（イクタビ）或作何度

38 幾重（イクヱ）

39 一統（イツタウ）
40 一同（ドウ）

42 何為（イカガセン）
58
56
57 違約（イヤク）
59 違犯（イボン）
60 違変（イヘン）
103 ●見出し項目ナシ
20 同意ノ義也
106
107 如何程（イカホド）
108 幾良程（イクラホド）
36
37 忌々敷（イミイミシク）
51
52 幾程（イクホド）
53 幾多（イクタビ／イクバク）
54 幾何（イクバク）
55 板輪敷（イタワシク）
12 天下－－
28

41 一跡（セキ）
42 無異儀
43 闘諍（イサカイ）
44 軍（イクサ）
△45 帥（同）□作師
△46 虜（イケドリ）或作生捕
47 一縮（シユク）鎧兵具着也
○48 一宿（シク）一夜義也
○49 一炊夢（イツスイノユメ）倭俗推量シテ炊ヲ作睡非也

◎22 一跡（イツセキ）天地門
23 一往（ワウ）
50
110
○111 院宣（インゼン）宣下
112 嗥（イガム）犬
113 挑（イドム）
109
◎16 生捕（イケドリ）又云虜　人倫門
29
30 何許（イカバカリ）
95 邯鄲枕－－－
96 森（イヨヤカナリ）又作-然
97 辞（イヤ）意違（ココロカハリノ）義也
98 忽緒（イルカセ）
99 忽（同）
100 犬追者（イヌヲモノ）語釈有
○101 見軍作矢（イクサヲミテヤヲハグ）語釈有
102 一軽□（ケイロウ）語釈有

50　因地（インヂ）或作印地倭俗五月五月戯闘諍ス

51　弥書（イヤガキ）

52　彩（イロドル）

53　弥付（イヤヅケ）

○54　一業所感（イチガウシヨカン）

55　祈（イノル）

56　禱（同）

57　弥（イヨイヨ）

---

24 105　語釈有

25　怡悦（イエツ）怡為トナス非□

26　一途（ヅ）

27　為長郷（イダケ）

34　●見出し項目ナシ

35

○84　刑罰（イマシム）

85　疋夫（イヤシ）

86　不審（イブカシ）

87　未審（同）

○88　膝行（イザル）

89

115

116

119

120　愈（同＝イヨイヨ）

121　去（イヌ）

122　辞（イナフ）

123　叱（イサフ）

124　揖（イツス）

58 勢（イキヲイ）
59 祝（イワウ）
○60 壽（イノチ）
61 命（同）
62 生（イケル）
△63 勇（イサム）
64 活（イキカヱル）
○65 諫（イサム）教訓義也
66 聊（イササカ）
67 言（イウ）
68 云（同）
69 営（イトナム）

114
180
142 命（イノチ）
143 壽（同）
144 警（イマシム）
135
136 懐（イダク）
139
140 怒（イカル）
141 嗔（同）
153
147
148 戴（イタダク）
149 厭（イトフ）
134
131
132 道（同）
133 雖（イヘドモ）
130
137
138 痛（イタム）

70 寐（イヌル）

71 況（イワンヤ）

72 遑（イトマアキ）

145

○146 忌（イム）

150

154

155 傷（イタム）

156 卑（イヤシ）

157 否（イナヤ）

○158 争（イカテカ）

159 忿（イカル）

○160 諱（イミナ）

161 悼（イタム）

162 戒（イマシム）

163 息（イキ）

164 鋳（イル）

165 幾（イクバク）

166 未（イマダ）

167 安（イヅクンゾ）

○168 頂（イタダキ）

169 至（イタル）

170 到（同）

171 致（イタス）

73 鄙(イヤシ)
△74 賤(同)
75 詳(イツワル)
76 徒(イタヅラ)

77 忩(イブカシ)
78 訝(同)

79 片時(イササカナル)
80 若箇(イカバカリ)

172 鼾(イビキ)
173 幼(イトケナシ)
174 稚(同)
175 恚(イカル)
176 不畏(イカメシイ)
177 嵬(同=イカメシイ)
178 寵(イツク)
179 抱(イダク)
151
152
●見出し項目ナシ
117
118 忙(イソガハシ)
●見出し項目ナシ
125 振仮名イブカル
126 貴(イミシク)
127 憤(イキドヲリ)
128 詐(イツハリ)
129 偽(同)
●見出し項目ナシ
●見出し項目ナシ

81 妨（イフ）	91 妨嫌（イブセク）
82 嫌（振仮名ナシ）	
	92 不遑（イトマアキアラス）
	93 幼若（イウジヤク）
	94 了□（イトド）
83 嗚（イナナク）	●見出し項目ナシ
84 摸容（イカタ）	◎鎔鑄（イカタ）鋳形　財宝門
85 綵（イロ□ル）	●見出し項目ナシ
86 射込（イコム）	●見出し項目ナシ
87 奈何（イカン）如何同	●見出し項目ナシ
88 盍（イカントモセズ）	●見出し項目ナシ
89 妹妋（イモセ）	◎背妹（イモセ）人倫門
90 二六時中（イツモイツモ）	●見出し項目ナシ
91 炒（イル）物-	●見出し項目ナシ
92 色交（イロヱ）	●見出し項目ナシ

『下学集』の影響下に『節用集』が成ったと、考えた場合、山田忠雄が『元和三年版下学集』（一九六八年、新生社刊）において「原本節用集を生成せしめた下学集の役わり、その後の節用集を成長せしめた下学集の二重の貢献についての究明は辞書史上好個の研究課題であるとおもふ」（序三頁）と述べた、「二重の貢献」という観点が必要になる。右の（必要最小限といってもよい）対照でもわかるように、伊勢本系統本である「正宗文

庫本」には当然『下学集』にみられる見出し項目がいわば「受け継がれている」。その一方で、印度本系統本である「黒本本」にも、「正宗文庫本」にはみられなかった、『下学集』の見出し項目がみられる。こうしたことは「二重の貢献」を思わせる。すなわち、『下学集』は長きにわたって、『節用集』に影響を与え続けた。それをやや具体的な場面として考えるならば、『下学集』テキストに興味をもち、机辺に備えるような人物が『節用集』のテキスト書写に関わっていたと考えればよいのではないか。『下学集』と『節用集』とは、テキストとしての「志向」を異にし、そうした意味合いにおいて、「別のタイプ」のテキストであったから、『下学集』テキストを所持している人物も、さらに『節用集』テキストを必要とした。あるいは『節用集』テキストを所持している人物が『下学集』テキストを必要とした、ということもなかったとはいえない。

しかしまた、『節用集』はテキストの内実を変えながら、古本から江戸期刊行のテキストへと継承、展開し、やや形骸化したとはいえ、それが明治期にまで受け継がれたのに比して、『下学集』という名をもつテキストが江戸期にさほど多くは刊行されていないことを考え併せれば、『節用集』テキストによって、『下学集』テキストはほぼ「覆われた」といってもよいであろう。そう考えた時、『節用集』の見出し項目「増補」のプロセスは『下学集』を取り込み、『下学集』にはなかった「方面」への展開という「動き」としてみることができよう。

右でわかるように、「正宗文庫本」のい部言語門の見出し項目数は九十二、「黒本本」のそれは一八〇で、伊勢本系統本である「正宗文庫本」と印度本系統本である「黒本本」との見出し項目数を対照すると、後者がかなり多いことがわかる。これを伊勢本から印度本へ、という「流れ」としてとらえれば、「流れ」は見出し項目数をふやす方向に向いていることになる。しかし、その一方で、古本『節用集』の各テキストはそれぞれに「個性」をもっていることが推測され、そのことからすれば当然のことと考えるが、見出し項目数の少ない「正宗文庫本」にあって、見出し項目数の多い「黒本本」にない見出し項目もある。「正宗文庫本」の言語門末尾には、そうした見出し項目が集中しているが、これは「正宗文庫本」が門末に見出し項目を増補したためとみるのが自然である。

また、「正宗文庫本」が言語門に置いた見出し項目の中に、「黒本本」においては、別の門に置かれているものがある。このことを見出し項目の「配置の整理」というとらえかたをしてよいのであれば、そうした整理が行われていることになる。

「黒本本」を注視すると、62から81まで、82から87まで、ほぼ連続した見出し項目（群）が「正宗文庫本」にはみられず、仮に「増補」という表現を使うとすれば、この範囲は（ここではそういう表現をしておくが）「黒本本」において「増補」されたと思われる。さらには117から122、152から177の範囲も同様にみえる。この範囲においては、漢字列の数でいえば、漢字一字の見出し項目がほとんどすべてであって、そうした見出し項目を「増補」しようとしていることがわかる。このことを「正宗文庫本」に反照すれば、「正宗文庫本」は「黒本本」が必要とした、漢字一字の見出し項目をさほど置いていないということになる。今仮に「正宗文庫本」の79以下を「増補」箇所とみた場合、54の「一業所感（イチガウシヨカン）」までをひとまとまりとして、55の「祈（イノル）」以下78の「訝（同＝イブカシ）」までが、漢字一字の見出し項目のひとかたまりにみえる。

元和版『下学集』の言辞門の見出し項目は「権輿（ケンヨ）」から始まり「濫觴（ランシヤウ）」「縁起（エンギ）」「由来（ユライ）」「由緒（ユイシヨ）」「中興（コウ）」「再興（サイコウ）」「興隆（コウリウ）」「興行（コウギヤウ）」「張行（チヤウギヤウ）」と続く。これらはいずれも漢字二字で書かれる漢語にあたる。元和版『下学集』の見出し項目には「無覚束（ヲボツカナシ）」や「綸言如汗（リンゲンアセノゴトシ）」のような漢字三字以上で書かれる語句、あるいは「分野（アリサマ）」や「白地（アカラサマ）」のような、漢字二字で書かれている和語も含まれており、さらには「嬾（モノウシ）懶（モノウシ）嫩（ワカシ）」のような、単漢字を起点とするものも含まれている。しかし、「単漢字」はさほど多くなく、やはり漢字二字（以上）で書かれている語句が、見出し項目の多数を占めているといってよい。そうであるとすれば、『節用集』が単漢字を「増補」しているのは、『下学集』において十分ではなかった見出し項目を補っているとみることができる。

『下学集』をさらに遡って考えれば、『色葉字類抄』は「漢字二字（以上）で書かれている語句」を見出し項目とする一方で、「単漢字」も見出し項目としている。『下学集』はその前者の面をおもに受け継いでいるといえようが、そこで、いわば後景にまわった後者、単漢字を（『色葉字類抄』を視野に入れると、再びということになるが）取り込もうとしたのが『節用集』の「行き方」の一つであったといえようか。『宣賢卿字書』と名付けられているテキスト及びその類書といってよい、「和名抄」と名付けられているテキストなどは、単漢字を採りあげており、そのことからすれば、むしろ『下学集』が単漢字をあまり採りあげていないことが「異数」のこととみるべきであろうか。

門内の見出し項目の配列という観点から、「正宗文庫本」と「黒本本」とをみると、「正宗文庫本」においては、2「威儀（イギ）」5「威徳（イトク）」7「威光（イクワウ）」9「威勢（イセイ）」と並んでいた見出し項目が、「黒本本」においては、8「威光」9「威勢」10「威儀」11「威徳」と並べられており、明らかに「威」を頭字とする見出し項目が集められていることがわかる。ただしこの四語はすべて元和版『下学集』及び国立国会図書館蔵春林本、国立国会図書館蔵亀田本、東京教育大学（現筑波大学）蔵本、文明十七年本、文明十一年本といった古本系テキストにもみえるので、見出し項目としては、『下学集』にすでに存在していた見出し項目を受け継いだものとみるのが自然であろう。

印度本に属するテキストにおいては、「黒本本」よりもさらにそうした「類聚」を徹底させているテキストがある。例えば、印度本弘治二年本類に属するとされる徳遊寺本（＝伊東本）においては、「威儀（語釈略）―徳―勢―光」という形式を採っており、頭字による「類聚」が徹底している。しかし、それはさほど特別なことではなく、漢字によって漢語、和語を書くという文字生活を送っている当該時期においては、自然なことであったと推測する。ある漢字から始まる語には「連鎖」「連合関係」が形成されていた。この「連合関係」は発音や語義というよりは、文字によって結びついていることになる。こうした「連合関係」を「日本語的な連合関係」とみなすことができるかもしれない。

あるいは「正宗文庫本」においては、37「幾度（イクタビ）（語釈略）」38「幾重（イクヱ）」と「幾」字を頭字とする見出し項目が続いている。「黒本本」においては、36「幾度（イクタヒ）（語釈略）」と51「幾重（イクエ）」とは隣接していないが、52「幾程（イクホド）」53「幾多（イクタビ）」54「幾何（イクバク）」と「幾」字を頭字とする見出し項目が連続している。52〜54は「正宗文庫本」にはみられないので、いずれかの時点で取り込まれた見出し項目と思われる。

「正宗文庫本」には28「委細（イサイ）」がみえる。「黒本本」においては44「委細」の次に45「委曲」が置かれている。「正宗文庫本」に系譜的にちかいと思われる「大谷大学本」には見出し項目「委曲」がなく、「大谷大学本」に系譜的にちかいと思われる「増刊下学集」には「委細」もない。しかし、「増刊下学」に系譜的にちかいと思われる「亀田本＝明応五年本」には「委細（イサイ）」「委曲（イキヨク）」と、連続した見出し項目としてみられる。このことからすれば、『節用集』の原テキストというものが想定できるとして、その原テキストにおいては、見出し項目は「委細」のみで、伊勢本が書写を繰り返していくいずれかの時点で、漢語「イサイ（委細）」と語義がちかく、連合関係を形成していた漢語「イキョク（委曲）」が「イサイ（委細）」を契機として、見出し項目として取り込まれたのではないだろうか。そうであるとすれば、「連合関係」がテキストの

「揺れ」にふかくかかわっていることになる。

右の対照表では「黒本本」がどのように見出し項目を並べているかがすぐにはわかりにくいけれども、110の「嘷(イガム)犬」以下、最終見出し項目である180「祝(イワウ)」までは単漢字が並んでおり、見出し項目の配列に関しては、「二字(以上の)漢字列」→「単漢字」という配列意図が顕著に窺われる。そうした傾向、意図はもちろん「正宗文庫本」にも窺われており、印度本の特徴と主張するつもりはないが、そうした傾向、意図が書写を繰り返す間に、より鮮明なかたちをとったと考えたい。

また改めていうまでもないこととも考えるが、例えば「正宗文庫本」においては、57「弥(イヨイヨ)」とあるが、「黒本本」においては、117「弥(イヨイヨ)」に次いで118「愈(同=イヨイヨ)」とあって、同じ和訓をもつ語が並べられている。先には、頭字が共通する語の「増補」について述べたが、ここでは和訓が共通する語の「増補」がみられることになる。和訓は発音形=語形とみることもでき、これは発音を契機とした「連合関係」といえよう。頭字が共通しているということは、その頭字の発音も共有されている場合が多いことが予想され、結局は発音を契機とした「連合関係」といえる、というみかたも成り立たなくはないが、やはりその場合は、発音ではなく、漢字の共通が契機となっていると考える。

そうであれば、漢字をめぐる当該時期の言語生活においては、「(発音と関わりなく)漢字が共通である」ということを契機とした認識と、和訓(=発音)を契機とした認識との二つの「軸」があったといえよう。そしてまた、単漢字で書かれる語と、漢字二字(以上)で書かれる語とは(おそらく)異なる認識のされかたをしていたと考える。日本語の歴史を考えるにあたっては、どのような時期に、漢字がどのように認識されていたかというような「巨視的な観点」も必要であると思われ、右に述べたことを一つの仮説としてみたい。

第二節　印度本内部の「揺れ」

「伊勢本」から、「印度本」がうまれたという言説は、伊勢本が先で、印度本が後、というような「時間的な前後関係」という枠組みで捉えることが一般的であろう。「印度本」が「うまれた瞬間」（というものが設定できるとして、その瞬間）についていては、そうみてよいと考えるが、先に述べたように、すべての「伊勢本」テキストが書写され終わってから「印度本」テキストの書写が始まったわけではなく、「印度本」が書写されている時に、「伊勢本」も書写されていた。いうまでもないことであるが、さらにいえば、そうした営為が行なわれていた時期に「伊勢本」「印度本」といったカテゴリーが認識されていたわけでは（おそらく）ない。それは、「天地初頭の語は伊勢であり、登畜類あたりまでは伊勢本の性質をもつが、同篇の財宝から豹変して弘治二年本の本文をもつにいたる雑糅的な性格を有するものとみられる」（山田忠雄『節用集天正十八年本類の研究』三十八頁）「天正十七年本」のようなテキストが存在することからも推測できよう。さらにいえば、どのようなテキストをもって『節用集』とみなすかという共通認識があったわけでもないはずだ。そうであれば、「伊勢本」→「印度本」という把握のしかたは、限定的である必要がある。

第一節においては、伊勢本系統本に属する「正宗文庫本」と印度本系統本に属する「黒本本」という、具体的な一つずつのテキストによって、伊勢本と印度本とを対照した場合のテキストの「揺れ」について考えてみた。そうした意味合いにおいては、どちらかといえば、『節用集』という（相対的な）テキストの通時的な「揺れ」を窺ったことになる。本節では、（実際は印度本が共時的なテキストとしてくれることを保証する手続きを経ないで、ということになるが、そのようにみることにして）印度本内部の「揺れ」について考えてみたい。これはどちらかとえいば、『節用集』テキストの共時的な「揺れ」について考えるということになる。

本節では第一節で採りあげた「黒本本」と、印度本の永禄二年本類に属するとされている「鈴鹿本」との対照を試みる。「鈴鹿本」については安田章氏が所持されていた写真版を使用させていただいた。「鈴鹿本」はひろく紹介されているテキストではないので、できる限り具体的に述べていくことを心がけ、ひろく影印が公開されている、「鈴鹿本」と系譜的にちかいと思われる緒テキスト、例えば「新写永禄五年本」「村井本」などの状況を併せ記すことによって、「鈴鹿本」がどのようなテキストであるかを紹介することも併せて行ないたい。第一節と同じ、い部言語門を対照する。

配列に関して、「鈴鹿本」はきわめて明白な傾向を示している。「黒本本」においては言語門の前に数量門が置かれ、例えば「一艘(イッソウ)〔舟／―〕」「一疋(イッピキ)〔馬｜｜／絹｜｜〕」「一剤(イチザイ)〔薬｜／｜〕」のように、「一」を頭にもつ見出し項目が数量門に並べられている。数量門には「一揆(キ)」のように、数量とは関わりのない見出し項目も収められてもいる。「鈴鹿本」においては、数量門が門末に置かれており、そこにはまず「壹 貳 參 肆 伍 陸 漆 捌 玖 拾／銭数 博聞録」とあって、それに続いて「一 二 三 四 五 六 七 八 九 十」(語釈は省いた)とあり、さらに「一升 鎰」とある。これらの箇所については「新写永禄五年本」と一致している。この数量門に収められている見出し項目以外の「一」から始まる見出し項目はすべて言語門の冒頭に集められている。「一位(イ)」から始まって、「一落索(ラクサク)〔落或／作洛〕」までの七十五見出し項目が並ぶ。「鈴鹿本」においては、「一位」「一種」「一途」「一同」「一邊」「一番」と六つの見出し項目が一行に記されているが、「新写永禄五年本」においては、「一位」「一種一瓶」「一途」「一同」「一統」と五つの見出し項目が一行に記されており、(そのようなこととも関わってか)見出し項目の順は一致しない。また振仮名にも小異が散見する。そのことについては措く。

「鈴鹿本」においては、「一位」から「一命」まで、二字漢字列が六十八並び、次に「一業処感」「一圓不輪」「一生不犯」「一堦度僧」まで四字漢字列が四つ並び、それについで「一軽蔑（ケイロク）」「一炊夢」「一落索」の三字漢字列が三つ並ぶ。四字漢字列が前で三字漢字列が後ろであることは、現代人の「心性」には一致しないが、実は三字漢字列にはいずれも「語釈」が附されている。「鈴鹿本」のこの言語門冒頭の「一」を頭字とする見出し項目群は、先に述べたように、一行六見出し項目を基本として書かれており、整斉とした紙面となっている。「新写永禄五年本」は一行五見出し項目を基本としており、「鈴鹿本」とは異なるが、やはり整斉としていることに変わりはない。辞書体資料において、「整斉とした紙面＝レイアウト」はやはり重要なことがらの一つであって、そうしたことを「志向」するかしないかも「揺れ」に関わると考える。語釈が附されている見出し項目を後ろに置くことによって、そこまでの紙面を整えることはできる。「新写永禄五年本」においては、「一軽蔑（ケイロウ）」と「一炊夢（スイノユメ）」とに語釈がみられない。「一炊夢」は元和版『下学集』態藝門にみられる見出し項目で、そこには「日本俗推量炊為睡癖案也」という語釈（＝注）が附されている。「鈴鹿本」には「一炊夢　炊ヲ作レ睡ト非也癖案也」とあって、この見出し項目が何らかの面で『下学集』とつながっていることを窺わせる。紙面を整斉とするために、場合によっては、語釈＝注を省くということがあるとすれば、やはり『節用集』においては、語釈＝注は必須のものとはとらえられていない、というみかたも成り立ち得るといえよう。

「鈴鹿本」は「一落索」に続いて、「院晴（インセイ）」「院雲（インウン）」「院私（インシ）」「陰陽（インヤウ）」と「院」字を頭字とする漢語四つを見出し項目とする。それに「右動（イウドウ）」「右筆（ヒツ）」と「右」字を頭字とする漢語二つの見出し項目が続き、その次には「幽天（イウテン）」「幽閑（イウカン）」「―玄（イウゲン）」「―居（キヨ）」「―奇（キ）」「―谷（コク）」と「幽」字を頭字とする漢語六つの見出し項目が続く。その後ろには

「以往(イワウ)」「―来(イライ)」「―降(カウ)」と「以」を頭字とする漢語三つの見出し項目が続き、さらに「隠士(インシ)」「―路(インロ)」「―遁(トン)」「―逸(イツ)」「―文(ブン)」「―居(キヨ)」「―惻(ソク)」「―計(ケイ)」と「隠」字を頭字とする漢語八つの見出し項目が続く。右の見出し項目の中で、「黒本本」にみえるものは、「隠居」のみである。「隠」を頭字とする見出し項目でいえば、「インロ(隠路)」「インブン(隠文)」「インソク(隠惻)」「インケイ(隠計)」は『時代別国語大辞典室町時代編』も見出し項目としていない。「インケイ(隠計)」以外の三語は『日本国語大辞典』第二版も見出し項目としない。その一方で、三巻本『色葉字類抄』のい篇畳字門は「陰晴」「陰雲」から始まっており、(『色葉字類抄』に基づく「増補」といってもよいが、やや慎重な表現をとるならば)『色葉字類抄』とのつながりを想起させる。そして、『色葉字類抄』から「隠」字を頭字とする見出し項目を抜き出せば、「隠路」「隠逸」「陰謀」「隠居」「隠計」「隠遁」「隠匿」「隠文」「隠居」(重出)であり、「隠惻」以外はすべて『色葉字類抄』にみられることがわかる。現存する『色葉字類抄』及びそれにつらなると思われるテキストが『節用集』ほど多くないことには、その成立の時期が関わるともいえようが、やはり必ずしもひろく流通したテキストではない、とひとまずは考えておきたい。したがって、「正宗文庫本」のような『節用集』テキストが成った時期に『色葉字類抄』が机辺にあったとは考えにくいが、印度本系統本に属する「永禄二年本類」と『色葉字類抄』とのかかわりの可能性は指摘されており、『節用集』が書写されていく、そのいずれかの時点で、『色葉字類抄』が参照されたとみるのが自然であろう。三条西実隆の日記である『実隆公記』には『色葉字類抄』の名前が記されている。

あらためていうまでもなく『色葉字類抄』も『節用集』も辞書体資料であり、辞書体資料には、「文脈をもたない」という特性があり、いついかなる時でも、他の辞書体資料のもつ「情報」を取り込むことができるといってよい。「取り込む」必要性がなければそうしたことは起こり得ないが、「似寄った体例をもつ辞書体資料は干渉しやすい」ということはいえるのではないか。過去に編まれた辞書体資料は、「単一態」というよりは、（結果としてという場合もあろうが）「複合態」といえそうで、さまざまな要素が「混態」をなしているとみることができよう。そのさまざまな要素のいずれかがある時期に「増補」されるというようなかたちで「揺れ」が生じることがあると考えられる。そうした意味合いにおいては、辞書体資料はそもそも「揺れ」を内包しているといってもよい。

ちなみにいえば、「新写永禄五年本」においては、「陰陽（インヤウ）」の後ろに「陰謀（インボウ）」が置かれているが、その他は「鈴鹿本」と一致している。ただし、「新写永禄五年本」は「―」による省略を行なわない。「―」による省記は、確かに書写の労力を省くといえ、さらには同じ頭字をもつ見出し項目を確実に並べるという意味合いにおいても、一定の意味合いをもつと考えるが、その一方で、あまり多くの見出し項目が続くと、どこからがひとまとまりであるかが一見してはわかりにくく、かえって検索に手間を要する場合も生じる。

さて、「黒本本」においても「威光」「威勢」「威儀」「威徳」は連続して置かれているが、「鈴鹿本」においては、「威徳」「―勢」「威儀（語釈略）」「―猛」「―光」「―喝」「―力」「―望」とある。「威儀」が省記されていないのは、この見出し項目が行頭に位置しているためと推測する。「鈴鹿本」において、行頭に「―」が使われていないわけではないが、行頭においては省記しないことが多い。「黒本本」と「鈴鹿本」とで、見出し項目の順が異なるのはなぜか、ということはひとまず措く。「鈴鹿本」側からみれば、「威猛」「威喝」「威力」「威望」の四つの見出し項目が増えていることになる。『色葉字類抄』（黒川本）をみると、ゐ篇畳字門に「威力」「威光」「威儀」「威猛」「威勢」の見出し項目があるので、「威猛」「威力」は『色葉字類抄』から持ち込まれた可能性があるが、「威喝」「威望」は『色葉字類抄』にはみえない。『節用集』のような辞書体資料を机辺に備えた人物は、日々文字にふれた言語生活を送っていると考えられ、そうした中で、自身の所持している『節用集』テキストに自身なりの「増補」を行なうことは考えられる。したがって、このようなかたちでの「印度本」間の「揺れ」はむしろ自然なことともいえよう。

「黒本本」には「犬追物（イヌヲモノ）［有玉藻前／故事云々］」という見出し項目がみえる。「犬追物」は元和版『下学集』にみられる見出し項目であるが、そこでは「昔西域有班足王。其夫人、悪虐過人。勧王取千人之首、其後出生支那国、為周幽王后。其名曰褒姒。滅国惑人、死後出生于日本。近衛院御宇、号玉藻前。傷人無極、後化成白狐、害人惟多。時俗欲駆之、先追走犬以其射騎。白狐知之、化而成石、飛禽走獣當其殺気者莫不立斃。故謂之殺生石。于今在下野那須野原也。犬追物始于茲矣。但聴之古老之口号。雖不知本説且載而已」（句読点を補った）という長大な語釈＝注が附されている。「黒本本」の語釈＝注はおそらくはこの長大な語釈＝注を省記したものと思われる。

「鈴鹿本」においては、元和版『下学集』にみられる長大な語釈＝注をすべて記した上で、さらに「又注云として「你元来石頭嘆謂殺生石霊従何来。受業報如是乎。去々自今以後你仏性一具如全体三度摩頂云會取々々謂頭石振動三烈破応永二孟春十一日云々玄翁峩山門第廿五人ノ内心昭侍者云々」というさらなる語釈＝注が附されている。この語釈は「新写永禄五年本」にもほぼ同じものがみられる。先にも述べたように、語釈は場合によっては削られることがありそうで、そのことによって、テキスト間の「揺れ」が生じる一方で、この場合のように、語釈＝注が付け加えられる場合もあることになる。こうした場合いわば「情報の向かう方向」ということがありそうで、長大な語釈＝注は、（それを省くのでなければ）さらなる長大な語釈＝注を「呼び込む」場合があると考えられる。その場合、それによってテキスト間の「揺れ」が生じる。

「鈴鹿本」はこの長大な語釈＝注の後に「忽緒（イルカセ）」「幼若（イウジヤク）」二つの見出し項目を置き、

それに続いて「出(イツ)(語釈略)」「入(イル)」「諱(イム)」「玄(イヌ)(語釈略)」「鋳(イル)(語釈略)」「煎(イル)」「焦(イル)」「熬(同)」「愈(イユ)」「祈(イノル)」「禱(同)」「願(同)」「咒(同)」「祝(イワウ)[祟]」「綵(イロウ)」「交(同)」「飾(同)」「争(イカデカ)」「猒(イトウ)」「飽(イトウ)」「至(イタル)」「到(同)」「辞(イナフ)」「怯(同)」「懐(イタク)」「抱(同)」「在(イマス)」「坐(同)」「謂(イワク)」「言(同)」「曰(同)」「猶(同)」「宣(同)」「叱(イサウ)」「仡(同)[制止/也]」「揖(イッス)」「窳(イシマ)[器不吉/一是也]」「未(イマタ)」「乃(イマシ)」「否(イナヤ)」「不(同)」「無(同)」「活(イカス)」「勢(左振仮名イキヲイ/右振仮名イヲル)」「煩(同)」「熱(同)」「疢(同)」「忿(イソク)」「急(同)」「忙(同)」「営(左振仮名イソカワシ/右振仮名イトナム)」「経(同)」「閑(同)」「徒(イタヅラ)」「指(同)」「閑(同)」「空(同)」「他(同)」「戴(イタ、ク)」「頂(同)」「冠(同)」「口(同)」「訝(イブカル)(語釈略)」「戒(イマシム)」「誡(同)」「警(同)」「禁(同)」「謹(同)」「謀(同)」「肆(同)」「慈(イツクシミ)」「愍(同)」「悲(同)」「仁(同)」「粛(同)」「喩(同)」「恩(同)」「恵(同)」「繼(同)」「厳(同)」「宗(同)」「崇(同)」(以下略)のように、単漢字を並べる。単漢字は「傷(イタム)」「悼(同)」「幼(イトケナシ)」「稚(同)」で終わり「允容(インヨウ)」「左袖(イムケノソテ)」「容易(イトヤスシ)」と二字漢字列がまた置かれる。

「黒本本」と対照すると、同じ振仮名を施されている漢字が、より多く置かれていることが一見してわかる。例えば「黒本本」においては「警(イマシム)」と「戒(イマシム)」とが隣接せずに置かれているが、「鈴鹿本」においては右であげたように、「戒(イマシム)」から「肆(同)」まで単漢字七つが置かれている。三巻本『色葉字類抄』には、「戒イマシム」を含めて二十三の単漢字があげられている。ただし、「禁」字はみられないので、『色葉字類抄』またはそれにつらなる辞書体資料の「情報」をそのまま取り込んだのではないことがわかる。『色葉字類抄』について、「編纂の目的があくまでその中に示される漢字を使用するための、漢字で書くための辞書であった」(一九九五年、世界思想社刊『日本古辞書を学ぶ人のために』二八八頁下段)と述べられることが少なくないが、そうであるとすれば、同じ振仮名、すなわち同じ和訓をもつ単漢字を並べることが、「漢字で(日本語を)書くため」になぜ必要であったかが説明されなくてはならないと考える。そのことの説明に、「漢字の使い分け」というような表現がもちだされるかもしれない。しかし、右の例でいえば、「戒イマシム」の下には単漢字二十三が並べられているだけで、それ以外の「情報」は示されていない。「漢字の使い分け」のために単漢字を類聚して並べているのであれば、どのように「使い分ける」かという「情報」が示される必要があろう。『節用集』も同様で、「黒本本」においても同じ振仮名をもつ単漢字が複数見出し項目となっている。さらにいえば、こうしたことは「正宗文庫本」にもみられる。「正宗文庫本」のい部言語進退門には「軍(イクサ)帥(同)」、「祈(イノル)禱(同)」「壽(イノチ)命(同)」「鄙(イヤシ)賤(同)」といった見出し項目がみられる。

「正宗文庫本」の、を部言語進退門をみると、「追(ヲウ)驚(ヲドロク)劫(ヲビヤカス)推(ヲス)」のように、単漢字群の中に見出し項目「劫(ヲビヤカス)」が置かれている一方で、単漢字群が終わって、再び「展進(ヲシロマキ)陣取也」「出来(ヲチド)」と二字漢字列が置かれ、それが終わって、また単漢字が置かれている中に「虜(ヲビヤカス)」がみられる。この「虜(ヲビヤカス)」はいずれかの時点で「増補」されたもの、すなわち見出し項目「劫(ヲビヤカス)」とは異なるプロセス、異なる時に見出し項目となったものとみるのが自然であろう。そうだとすれば、「単漢字と和訓との結びつきを見出し項目とする」という枠組みの中で、同じ和訓をもつ異なる漢字、すなわちいわゆる「同訓異字」がさまざまなプロセスを経て『節用集』にとりこまれることは自然なこととみることができる。「正宗文庫本」のように、そうした見出し項目は当初は隣接していないことになるが、書写を繰り返していくうちに、類聚され、連続した見出し項目になっていくのも、一般的に考えればまた自然なことといえよう。

現代の言語生活を考えれば、辞書は「使い手」がいるから印刷され出版される。「使い手」は購買者でもある。買ってもらうためには、「使い手＝買い手」のことを意識する必要がある。「使い手」が使いやすい辞書、「買い手」が買いたくなる辞書、を編集することが重要になる。しかし、現代という時代において印刷され出版されている辞書と、過去に成った辞書体資料とを同じようにとらえることはできないと考える。稿者の使う「辞書体資料」という用語は、現代人の眼に辞書のようにみえる体の資料という含みをもたせている。稿者が「辞書体資料」と呼ぶ文献＝テキストが過去において、現代の辞書と同じような存在であったということを何ら含意しない。もちろんそうである場合もあろうが、そうでない場合は少なくないと考える。『色葉字類抄』は辞書なのか、『節用集』は辞書なのか、という（いまさらながらの）問いは一度はたててもよいのではないか。もしも辞書であるならば、どのような面において「辞書」なのかということを当該時期の言語生活とてらしあわせ、よくよく検証することによって、『色葉字類抄』あるいは『節用集』というテキストがどのようなテキストであるかということが鮮明になることもあるのではないか。

　類聚した情報に検索のためのキーを与えて編集すれば、類聚した情報を検索することができる。そうなっているテキストは見かけ上辞書とみえる。検索のためのキーを与えるのは使うため、とみることはもちろんできる。そして使うために検索のためのキーを与えることは当然あろう。そのようなテキストは現代の辞書と限りなくちかい。類聚した情報を検索し、それがテキストを「読む」ことと結びついたり、文章を「書く」ということと結びついたりすれば、すなわち具体的な言語生活と結びつけば、前者なら「読むための辞書」、後者なら「書くための辞書」ということになる。しかし「具体的な言語生活」にアウトプットしない場合、それが思考すること、思索することに吸収されていくような場合、そうしたことも「使っている」と認めるのであれば、やはり「使うためのテキスト」ということになるが、そのような場合はあまり想定されていないように思われる。辞書体資料がうみだされる背後にはつねに「目的」があるかどうかということも考える必要があろうが、辞書を編纂するための目的というものがあったとして、その「目的」はつねに「具体的な言語生活」の中に設定されるかどうか。

つまり、同じ和訓をもった単漢字が並んでいる場合に、「何のためにそうしたか」と考えることは自然ではあるが、「具体的な言語生活」と結びついた「答え」が得られるとは限らないのではないか。「答え」を探るための「方法」は多くの場合、例えば「単漢字が並んでいる」ということから原理的に考えるしかなく、「答え」を探るための、別の手がかりが存在していることはほとんどないのではないか。「原理的に考える」ことは重要であるが、それが案外と素朴な「推測」にとどまらざるを得ない場合もあろう。

そしてまた「黒本本」と「鈴鹿本」とを対照した場合、等しく印度本系統本に属する両本であっても、「実相」はかなり異なることが明らかで、テキストの系譜的聯関も、やはり現代人が現代人の観点で設定したものということを認識しつつ考えを進めていく必要がある。「黒本本」と「鈴鹿本」とを対照すれば、「鈴鹿本」は「黒本本」よりも多くの「情報」を蓄積していることは明らかで、それを比喩的に「成長」という表現を使ってとらえるとすれば、印度本系統本は、印度本系統本内部において「成長」をみせていることになる。それを「目的」や「方向」ということと結びつけて説明をするのが言語学、日本語学の目標であるともいえるが、すべての事象が説明できるとは限らないのではないか。

「成長」は『節用集』というテキスト(群)が当初から内包していた「方向」に向かっているとみることもでき、その「方向」の一つに「漢字を媒介とした言語情報の蓄積」があったといえるのではないか。本巻では「言語の揺れ」ということについて、さまざまな面から考えているが、「テキストの揺れ」は結局は「言語の揺れ」というかたちで具体的に顕現する。ただし、『節用集』のような辞書体を採るテキストの場合、さまざまな「情報」をさまざまなテキストから「切り取って」持ち込むことができる。そのことを適切に考え併せなければ、当該テキストの適切な「評価」はできない。

現代の言語生活において「使う」といえば、それはそのまま「現代の言語生活において使う」ということになることがほとんどであろう。過去においては、その「現代(＝当該時期)の言語生活」の幅が現代よりもひろかったと考える。『節用集』が中国古代の人名や、中国宋代の画家の名前を見出し項目としていることからすれば、『節用集』が成った時期の「現代＝当代」の時空にはかなりのひろがりがあったことになる。「読む」も「書く」も現代に限った行為ではないので、過去の文献を「読む」ということも含まれるし、古典中国語文＝漢文を「書く」、あるいは和歌をつくって「書く」ということも含まれる。しかし、現代における「読む」「書く」はかなり限定されているのではないか。その現代の「読む」「書く」を過去にそのまま投影して、過去に成った文献をそうした、いわば現代流の「読む」「書く」という概念の中で説明しようとした時に、説明しきれない面があるのではないか。そうしたことも考えておく必要があろう。

『下学集』とのかかわりの中で『節用集』がうまれたことを認め、「正宗文庫本」を『節用集』の原態にちかいものであることを認めた場合、「正宗文庫本」の言語進退門は二字(以上の)漢字列から始まって、それに次いで単漢字を置く、「二字漢字列→単漢字」という配列を採っているとみえることには注目しておきたい。つまり、(『下学集』も)『節用集』も二字(以上の)漢字列を類聚するということに当初の興味の焦点はあったのではないか。二字以上の漢字列には、いわゆる成句のようなものも含まれる。『下学集』にも単漢字は見出し項目となっているし、「正宗文庫本」も同様であるので、単漢字に興味がなかったわけではもちろんない。「鈴鹿本」は単漢字のみを増やしているわけではないので、単漢字の「増補」が後発した『節用集』テキストの「志向」とまではいえないが、しかし単漢字はかなり「増補」されており、二字以上の漢字列とともに単漢字も「興味の焦点」になっているようにみえるのであり、そのことには注目しておきたい。

第三節　訓の「揺れ」をどのようにとらえるか

節題には「訓」という表現を使ったが、例えば「械《テガセ》」（饅頭屋本初版・再版）における「テガセ」を本節においては「訓」と呼ぶことにする。稿者の一貫して採ってきたみかたに従えば、「械《テガセ》」は「テガセ」という和語に単漢字「械」をあてて書き、どのような語を書いたかを振仮名として示した表記形式ということになる。現存する古本『節用集』の諸テキストの見出し項目をみる限り、「漢字列＋振仮名」という表記形式を採っているので、これが『節用集』の基本的な見出し項目のかたちであると認めることができる。しかし、「玉里文庫本」においては、み部の一部、し部以下のひ部、も部、せ部、す部には振仮名が施されていない。これは「玉里文庫本」特有の現象とみることもできるが、その一方で、書写にあたって、漢字列のみを書写し、後から振仮名を施すことがあったと推測することもできる。このことから、『節用集』の見出し項目の「核」は漢字列であるとみることもできなくはない。『節用集』には、「家《イエ》・屋《同》・舍《同》」（正宗文庫本い部天地門）のように、振仮名が共通していて、漢字が異なる見出し項目を並べることがひろくみられる。これは同じ語にあてることができる漢字列のバリエーションを示しているようにみえ、これも結局は漢字列側に見出し項目の「核」があるとみなすことができる。

『節用集』の見出し項目の「核」が漢字列にあるのだとすれば、その「核」となっている漢字列に振仮名を附ける、附訓するという「みかた」は『節用集』に関してはさほど的外れなみかたではないことになる。そこでここでは、『節用集』の書写においても、書写者に、意識的にそうであったか、無意識裡にそうであったかは問わないことにするが、そのような「感覚」「心性」があったと考え、訓の「揺れ」というみかたを採ることにする。

右では「テガセ」という訓が「饅頭屋本」の初版、再版にみられることを示した。山田忠雄は「古辞書の訓」（天理図書館善本叢書第二期第二回配本第二十一巻、月報十四、後一九九三年三省堂『壽蔵録』所収、引用は後者によるが、引用にあたって漢字字体は保存していない）において、「クビカシ／クビカセ」「アシカシ／アシカセ」「テカシ／テカセ」などの語の「〜カセ」「〜カシ」に関して、「〜カシは名義抄・字類抄に見られる伝統形。〜カセは稍々隆って行われるに至った新興形である」（一八四頁下段）と述べ、「アシカシ／アシカセ」を採りあげて、「伊勢本の略本では三省堂本、同増補本では新増色葉節用集が、印度本では永禄十一年本が械をアシカ《（ガ）》セと訓む。然るに、天正十八年本類は桱を斯く訓み、剰え横本は独りアシガシの古形に従う」（一八四頁下段〜一八五頁上段）と述べている。この「横本」は『節用集天正十八年本類の研究』（一九七四年、東洋文庫刊）において「新出横本」と呼ばれているテキストにあたると思われる。「横本」のあ部財宝門にはたしかに「桱《アシガシ》」とある。その一方では、て部財宝門には「杻」「杵」の二つの漢字にそれぞれ「テガセ」「テカセ」と附訓されている。この二字に続いて「梏」が見出し項目となっているが、使用している写真においては附訓が判然としないので、今は措くことにする。「杻」字は具体的には「刃」の下部に「一」と書かれているような字形にみえるが、「丑」を書いたものと判断した。

辞書体資料の考察に際しては、系譜的聯関についての目配りが重視される。『節用集』もその例にもれない。伊勢本、印度本、乾本といった、『節用集』諸テキストが書写されてからずいぶんと隔たった時期の「みかた」に基づく系譜的聯関、呼称が重視され、伊勢本に属しているテキストと印度本に属しているテキストとを対照したりすれば、『節用集』の「いろは」を知らないということになる。

さて、右で採りあげた「横本」は「天正十八年本類」に属しており、山田忠雄は、「横本・隠岐本・岡田真氏蔵本・慶長十二年本」「堺本・早稲田大学蔵本・阿波国文庫本」というかたちで、「天正十八年本類」を形成し、前者は「横本類」、後者は「堺本類」というまとまりを形成しているととらえていたと覚しい。「テカセ」「アシカセ」に関する、天正十八年本類の状況を次に示す。附訓は丸括弧に入れて示す。［ ］は割注の形式になっていることを示す。慶長十二年本は、く部までの零本で、て部あ部を缺く。

横本	杻（テガセ）杵（テカセ）梏（訓不明）	……て部財宝門
	桎（アシガシ）	……あ部財宝門
隠岐本	杻（テガセ）［杵（同）／梏（同）］	……て部財宝門
	桎（アシガセ）	……あ部財宝門
岡田真蔵本	杻（テガセ）［又作／杵］梏（テガセ）	……て部財宝門
	見出し項目なし	……あ部財宝門
慶長十二年本	部缺	
堺本	杻（テガセ）抒（テガセ）梏（テガセ）	……て部財宝門
	桎（アシガセ）	……あ部財宝門
早稲田大学蔵本	杻（テガセ）抒（テガセ）梏（テガセ）	……て部財宝門
	桎（アシガセ）	……あ部財宝門
阿波国文庫本	杻（テガセ）［又抒／梏］	……て部財宝門
	桎（アシガセ）	……あ部財宝門

「天正十八年本類」といった時の「類」は「類化」を経て設定できるものといえようが、この「類化」という概念について山田忠雄（一九七四）は「類の設定のいひである。共通の特徴によっていくつかのものをひとつのグルウプとどらへ、他と区別する作業をわたくしはかくなづける。classification の訳語としても恰好であらう。従来の訳語〈分類〉は、具体的な作業をさすにとどまるに対し、〈類化〉は、その作業にさきだってはたしていかなる分類が可能かといふ分類の方法乃至方法論をおのづからふくむ、より高次の概念である」（序二頁）と述べている。山田忠雄（一九七四）は「伊勢本」の内部に「天正十八年本類」を設定しているのであり、その限りにおいては、類内の諸テキストには、「伊勢本」全体よりも、系譜的に緊密な関係が成立していることになる。山田忠雄（一九七四）は「テクストの対立と具体的なみだし語の対立と、つねにかならずしも一致するわけではないが、しかるばあひもなほいくた存することは関説において顕著にみてきた。ただし、関説をすでにきった今日おそらくかかる言説は他に対して十分な説得力をもたぬであらう。さもあらばあれ、依然として節用集の諸本は一元にいづると仮定するかぎり、その成立の時点において新旧いづれかの色彩をもち、おそらく個を決定するのは、その要素の錯綜せる復合なのであらう。同様に、ひとつひとつのみだしもまたその背景に成立の歴史的事情をになふものであることを認識することがここに要請される」（序八頁）と述べており、一つ一つの見出し項目のありかたが、テキストの系譜的聯関に直結しない場合もあるとみているると覚しい。ただし、右の言説における「テクストの対立」は、「新旧いずれかの色彩をもち」という表現を一方においた場合、「新旧」という、相当に限定的な対立軸を設定しての謂いとみえなくもない。それは、他の箇所において「さて感傷はぬきにして、天正十八年本類における既述二群の対立、なかんづく堺本と横本との対立をわたくしは新興勢力と保守勢力との対立とみた。すなはち、両系統の対立はつねになにほどか、天正十八年本類成立以前の新旧二勢力の反映・残渣とみたのである。すこぶる（語の原義において使用、念のため）唯物的にすぎるといふ批評を甘受せずばなるまいが具体的な存在は一往唯物的にとらえるを便とする。いきてゐるかぎりゆれを禁じえない言語はいくら思弁的にとらへてもおほきな成果はあがるまい。個個の表現はなにほどかふるめかしく、またその意味において老人語的であり、なにほどかわかうどごのみであり同時にしたたらずであり、かたこと的である。一方は保守的であり、一方は進取的（あえて進歩的であるとはいはぬ）である。わたくしはこれをかりに伝統形・新興形ととらへた。伝統形かならずしも起原的・歴史的のいひではない。その属する部内において他よりふるくかつ由緒があることを意味するにすぎぬ。起原的にはかへって後者よりもあたらしいことしばしばである。すべてかんがへかたの基盤はそもそもの歴史、すなはち戸籍しらべにあるのではなく、その部内での由来のふるさをとふ。語原をたづぬるのはあるいは易事でもありえよう。しかしながら、語史をたどって今日におよぶこと、乃至新旧語形の交替事情をあとづけることはおほむね難事に属する。現代語であるならば博捜あるいは的確に五年、十年の至近間隔にせばめることができようが、古語においてしかくちぢめることはけだし稀有のことであらう。もと凡人であるわれわれになしうることは精精上記の意味においての新旧いづれの陣営に属するかを、方法・手段をつくして判断することだけではないのか？」（序七頁）と述べていることを考え併せた場合、より、そのようにみえる。

「横本類」という「類」が設定できたとして、その「横本類」に属する、現存三テキスト「横本」「隠岐本」「岡田真蔵本」は、それなりの「近さ」をもったテキストということになる。しかし、右に示した見出し項目の状況をみるだけでも、「隠岐本」が「横本」を直接書写し、「岡田真蔵本」が「隠岐本」を直接書写したのではないということは推測できよう。「横本」と「隠岐本」とでは見出し項目「テガセ」の形式が異なっており、それは「隠岐本」と「岡田真蔵本」とにおいても同様である。そして「岡田真蔵本」は見出し項目「アシガセ」を欠いている。もちろん、「隠岐本」は「横本」を直接写してはいるが、「そうした」という可能性はあるので、「直接書写したのではない」と断定することには慎重でなければならないが、「直接写してはいるが、「そうした」のはなぜか、という「問い」に対して、説得性をもった「答え」を用意することは難しいと考える。先に「それなりの「近さ」をもったテキスト」と表現したが、「それなりの「近さ」をもったテキスト」は同時に「それなりの「遠さ」をもったテキスト」でもある。このことをつねに意識しておく必要があると考える。

「アシカシ／アシガシ」は天治本『新撰字鏡』に「鏁」字の和訓として「足加志又加奈保太志」（アシカシ又カナホダシ）とみえ、観智院本『類聚名義抄』にも「械」字の和訓として「アシカシ」（佛下本四十八丁裏七行目）、「梏」字の和訓として「テカシ」「アシガシ」（佛下本五十三丁裏二行目）、「桎」字の和訓として「テガシ」「アジカシ」（佛下本五十六丁表四行目）などとみえている。天治本『新撰字鏡』、観智院本『類聚名義抄』に和訓「アシカセ」がみえていないことから、「アシカシ」が伝統形であることははっきりとしている。『日葡辞書』には「Axigaxe」（アシガセ）が見出し項目となっており、「アシガシ」は見出し項目となっていない。『日葡辞書』をおさえとすることはいかにも粗いが、それでも、室町期には「アシカシ」ではなくて「アシカセ／アシガセ」が使われていたとみることはできよう。そうであったとすれば、「横本」はなぜ「桎」字に「アシガシ」と附訓したか。それに対して、「横本」が写していたテキストにそうなっていたから、と答えるのでは、答えを先延ばしにした「言い逃れ」ということになるだろう。そしてまた、山田忠雄は先に引いたように、「～カシは名義抄・字類抄に見られる伝統形。～カセは稍々隆って行われるに至った新興形である」（一八四頁下段）と述べ、「アシカシ／アシカセ」「テカシ／テカセ」という二つの複合語から「～カシ／～カセ」を切り取って、整理を試みた。それは何ら無理のない自然な整理であるが、しかし「横本」においては、「桎」字には「アシガシ」と附訓し、「杻」字には「テガセ」、「杵」字には「テカセ」と附訓している。まず「テガセ」

と附訓しながら、次字に「テカセ」と附訓していることは措くけれども、これをも「自然」といえるかどうか。このことについてはどのように説明をすればよいのだろうか。

「アシガシ」という附訓と「テカセ／テガセ」という附訓がみられるという「事実」に注目すれば、「横本」書写者には、「〜カシ」あるいは「〜カシ」という語構成意識があったかどうかということになろう。あるいはあったとしても、それが『節用集』の書写という場面において、どのように「働く」かということでもある。もっとも「事実」寄りに説明を組み立てれば、『日葡辞書』に「アシガセ」とあって、『節用集』「横本」に「アシガシ」とあるのだから、『節用集』『日葡辞書』の時代には、「アシガシ」「アシガセ」両語形が併存していたという説明になろう。この場合の「併存」も、同じように使われている「併存」もあれば、どちらかの語形の使用がすでに優勢になっているという「併存」もあることになる。『節用集』全体をみわたした場合に、「アシカセ／アシガセ」が多くみられるということからすれば、「アシカセ／アシガセ」の使用が優勢になっていたとみるのが自然であろう。しかし、そうだとすれば、そういう時期に「アシガシ」はどのような語形と「みえていたか」が問題となる。山田忠雄が述べるように、「新旧語形の交替事情をあとづけることはおほむね難事に属する」とすれば、その「答え」はついに得られないということになる。

何故か、という表現をとらざるをえないが、「横本」の書写者は、「アシガシ」という、当該時期としては「古い」語形を知っていて、それを「桎」字に附訓した。「横本」が書写していたテキストがそうであったという「みかた」は先に述べたように、何の解決にもならないとすれば、むしろ「横本」が写していたテキストには「アシカセ／アシガセ」とあったにも関わらず、とみるべきであろう。そういう「瞬間」が『節用集』書写のいずれかの時点であった、とみる他はない。「アシカシ／アシガシ」と「アシカセ／アシガセ」とを対照すれば、前者に対して後者が新興語形であることは先に述べたとおりであり、原『節用集』というものを仮設した時に、そこに「アシカセ／アシガセ」とあったのだとすれば、先に述べた「そういう「瞬間」」はどのような「瞬間」とみなせばよいのか。旧語形が『節用集』にもちこまれた「瞬間」をどのようにみなせばよいのか、という問題がある。

書写行為の基本は書かれているように写すということであることはいうまでもないが、「書かれているように」は「当該書写者にとって」であって、当該書写者が気にかけていないことがらについては、いわば「書かれているようには書かない」ということになる。例えば、一行の字詰めを保存していると思われる写本は少ないことが推測される。書いている紙の大きさに合わせて、あるいは自身の書く文字の大きさに合わせて書いていくのが自然で、そうであっても、それは、「当該書写者にとっては、書写原本に書かれているように写す」という枠内にあることになる。電子的にコピーをするように写すことは、できないというよりは、「しない」ということもおさえておく必要がある。そのことによって、言語に関わる「揺れ」が露出してくることも当然ある。

附訓に関していえば、書写原本に施されている附訓をそのまま写すのがもっとも自然な書写態度であろうが、そうした書写態度が厳密にとられているのであれば、附訓に「揺れ」はみられないはずで、『節用集』の諸テキストは、「そうではなかった」ことを示しているといえよう。「うっかり」すなわち無意識裡に、自身が当該漢字列と結びつくと思っている訓を振仮名として施すということはある、と考えるしかない。次の書写者がそれをそのまま写すこともあるだろうし、その書写者はその書写者なりに「自身が当該漢字列と結びつくと思っている訓」を振仮名として施した結果、またもとの附訓に戻るということもあり得ると考える必要があろう。しかし、全体を支えているのは、当該時期の日本語のあり方であると考えた時に、結局は、「書かれているように書く」ということと、「当該時期の日本語のあり方」との間の「綱の引き合い」の結果、帰着点が、諸テキストのあり方といってもよい。

辞書体資料の系譜的聯関を探る場合に、テキストの「現状」を起点として考えを進めることは基本であろうが、それとともに、書写の過程において(いついかなる時でも)起こり得ることは何か、ということへの目配りも求められている。先に「横本」以下七つのテキストの「現状」を示した。七つのテキストは「天正十八年本類」という「類」に属しているとみなされているのであり、そうみなすにふさわしいだけの「近さ」を備えているといえよう。しかし、より具体的に「現状」を観察すれば、「堺本」と「早稲田大学蔵本」とが同じである他は、みな異なる。七つのテキストが「近い」とみるためには、「異なり」は重視しないことになる。それはこうした「異なり」は起こり得る「異なり」であるとみているということでもある。例えば、『節用集』のようなタイプの辞書体資料を書写するにあたって「いついかなる時でも起こり得ること」は何か、ということについての共通認識はいまだ形成されていないのではないだろうか。それは、具体的な分析、観察に基づいて「抽出」されていくしかなく、分析、観察の対象となっている辞書体資料のタイプによって、異なる可能性もある。それでも、そうしたことについての共通の認識を形成することを模索しなければ、いつまでたっても、「現状」の観察に留まってしまうのではないだろうか。そしてその「いついかなる時でも起こり得ること」を言語面から整理した時に、テキストが変容、流動する理由、すなわちテキストが「揺れる」理由がいくらかでもはっきりとしてくると考える。

附訓に関していえば、先に述べたように、書写者が「当該漢字列と結びつくと思っている訓」が振仮名として施されることがあるのだとすれば、漢字列を中心にして、つまり漢字列の周囲に、当該漢字列と結びつく可能性のある訓が「連合関係」を形成しているというモデルがひとまずは考えられる。漢字列が中心であるということになれば、これはいずれにしても、「はなしことば」というよりは、「書きことば」ひいていえば「書かれたことば」に関わる「連合関係」とみるのが自然で、そうであれば、その「連合関係」にはある程度の幅がある可能性があろう。そしてまた、当該時期に使われていた「はなしことば」が何の関わりももっていないとみることは不自然であり、「はなしことば」が附訓に干渉する可能性もあるとみるのが自然であろう。「書きことば」に当該時期に使われている「はなしことば」よりも古い、旧形式が含まれることは自然で、逆に「書きことば」に基準をとれば、当該時期に使われている「はなしことば」には、それよりも新しい、新形式が含まれることも自然である。となれば、旧形式、新形式、いずれもが「いついかなる時でも」附訓される可能性があることになり、「新旧語形の交替事情をあとづけることはおほむね難事に属する」ということになる。

〈書画などを書いて不用になった紙〉(『新潮国語辞典』第二版)という語義をもつ漢語「ホゴ」は、三巻本『色葉字類抄』に「反古［ホク俗／ホンコ］」(保篇雑物部)とあることからすれば、『色葉字類抄』編纂時には、「ホグ」「ホンゴ」という複数語形が存在し、かつ「ホグ」が『色葉字類抄』においては俗形とみなされていたことが推測される。[註3]『色葉字類抄』の判断からすれば、「ホンゴ」という語形が先行していて、「ホグ」が後発したことになる。『日本国語大辞典』第二版は見出し項目「ほうぐ」の「語誌」欄において、天平宝字四(七六〇)年の文書に「本古紙」とあり、また天平宝字六(七六二)年の文書に「本久紙」とあることを示し、さらには『日本霊異記』下に「本垢」とあることを指摘している。これらの漢字列の上字に「本」字が使われていることからすれば、(『日本国語大辞典』第二版は、「当初の語形はホゴ・ホグ、あるいはホンク(グ)であったと考えられる」と、慎重な態度を示すが)当初の語形は「ホング・ホンゴ」であったとみてよいのではないだろうか。「ホグ」は撥音を示さない仮名書き「ほく」から導き出された語形で、それゆえ『色葉字類抄』が「俗」とみなしたのではないか。

一方、『日葡辞書』は、「Fongo」（ホンゴ）を見出し項目としながら、その語釈において、「このように書かれるけれども、Fôgu と発音される」と述べ、「Fôgu」（ホウグ）も見出し項目として採用している。この見出し項目に「書きよごした紙、または、もう役に立たない紙、または、書き直したり書きよごしたりした習字手本」という語釈を置いていることからすれば、いわば「ホウグ」が本見出し項目で、「ホンゴ」が参照見出し項目とみてよいと考える。「ホゴ」「ホグ」は見出し項目となっていない。「ホウグ」は「ホグ」の長音形にあたり、「ホグ」を媒介としてうまれた語形と考えられよう。「ホゴ」と「ホグ」、「ホンゴ」と「ホング」とを対照すれば、両語形の関係は母音交替形の関係であり、さほど時期の隔たりのない正倉院文書に「本古」「本久」とあることを考え併せれば、早い段階から「ホンゴ」「ホング」両語形が併存していた可能性もあろう。

右に述べたようにみてよいとすれば、「ホンゴ／ホング」→「ホグ（ホゴ）」→「ホウグ／ホウゴ」という展開がひとまずは考えられることになる。『日葡辞書』が観察していた日本語と『節用集』が成った時期の日本語とをほぼ重なるものとみてよいのであれば、「ホウグ」及びその母音交替形である「ホウゴ」を軸として、その周囲を、「ホウグ」以前に成った語形である「ホンゴ／ホング」「ホゴ／ホグ」が取り巻いているというかたちの「連合関係」が成り立っていたと思われる。安原貞室（一六一〇～一六七三）の編んだ『かたこと』には「反古《ほうご》を　〇ほんぐはいかゝ。ほごとはいふ」（巻四）とあり、ここでも見出し項目といえる語形は「ホウゴ」で、それを「ホング」ということに疑問が呈され、「ホゴ」は認められている。『かたこと』が何を疑問視しているかは、採りあげている見出し項目ごとに異なるといってもよく、ここでも「ホング」という語形がどうして「いかゝ」と評されているかについては、不分明ともいえよう。しかし、「ホウゴ」を起点としていることはたしかで、十六世紀から十七世紀にかけての時期「ホウグ／ホウゴ」という語形が勢力をもっていたことは推測される。この語がどのようなかたちで『節用集』諸テキストに採りあげられているかを次に示す。テキスト上部の数字は、本講座第五巻『『節用集』研究入門』の第一章に掲げた『節用集』一覧表の数字。振仮名は漢字列の後ろの丸括弧内に入れて示した。特にことわらない場合は、右振仮名。村井本の附訓「ホタク」は直上の見出し項目「煨（ホタクイ）」の附訓に牽かれたか。「ホウク」とあるべきものと思われる。辞林枝葉（宮城本）の附訓は内側、すなわち漢字列に近い箇所に「ホンコ」とあり、その外側に「ホウグ」とある。漢字列の左側、「反」字には「ハン」「カヘス」とあり、「故」字には「フルシ」「コトサラ」とある。

2正宗文庫本…………反古（ホウグ）［古／紙］
3大谷大学本…………反古（ホウグ）［古／紙］
4穂久邇文庫本………反故（ホウグ）［古／紙］
5増刊下学集…………見出し項目ナシ
6亀田本（明応本）…………反故（ホウゴ）［古／帋］
7玉里文庫本…………反古（ホンコ）古紙
8伊京集………………反古（ホウグ）
9三省堂本……………反古（ホウグ）
10種徳堂本……………反古（附訓ナシ）
11増刊節用集…………反故（ホング）
12吉澤文庫本…………ほ部缺
13龍門文庫（周防）本…………反古（ホンコ）古紙
14龍門文庫（天文十九年）本…………反故（ホング）［古／帋］

16空念寺本……………………………ほ部缺
17岡田希雄旧蔵本…………………反古（ホンコ）古紙
18胡蝶装本…………………………反古（ホンコ）

19横本………………………………反古（ホンゴ）古紙
20隠岐本……………………………ほ部缺
21岡田真本…………………………反古（ホンゴ）
22慶長十二年本……………………反古（ホンゴ）
23堺本………………………………反古（右振仮名ホンコ／左振仮名ホウグ）古紙
24早稲田大学本……………………反古（ホング）
25阿波国文庫本……………………反古（ホング）［又／旧文］

28饅頭屋本初刊本…………………反故（ホング）
29饅頭屋本重刊本…………………反故（ホング）
32辞林枝葉（宮城本）……………反故（内ホンコ／外ホウグ）［反／故］［又故／作古］
35広本（文明本）…………………反故（ホング）［旧／也］

36黒本本……………………………反故（ホウグ）［古／紙］
37図書寮零本………………………ほ部缺

38和漢通用集……………………反故（ほうぐ）古昬

41新写永禄五年本………………反故（ホンコ）古紙
42永禄二年本……………………反古（ホウグ）古紙
43村井本…………………………反故（ホタク）古紙
44鈴鹿本…………………………反故（ホウグ）［古／紙］
45慶長九年本……………………反故（ホング）古紙
46高野山本………………………反故（右振仮名ホング／左振仮名ホウゴ）
47堯空本…………………………反古（ホウク）古紙
48前田本…………………………反故（ホウグ）［古紙／也］
49佐々木本………………………反故（ホウグ）古紙
50経亮本…………………………反古（ホンコ）古紙
51両足院本………………………反古（ホンゴ）古紙
53枳園本…………………………反古（右振仮名ホング／左振仮名ホウグ）［古／紙］

54天正十七年本…………………反古（ホウグ）［古／紙］
55小汀本…………………………反古（ホウグ）［古／紙］
56徳遊寺本（伊藤本）……………反古（ホウグ）古紙
57南葵文庫本……………………反古（ホウグ）古紙

59草間直方本……………反古（ホウグ）［古／紙］
60寛永十九年本…………反古（ホング）［古／紙］
61義知本…………………反古（ホウグ）［古／紙］

63原刻易林本……………反古（ホフグ）
64易林本平井版…………反古（ホフグ）
65易林本平井版別版……反古（ホフグ）
66易林本小山版…………反古（ホフグ）

2〜35までが「伊勢本」、36〜61までが「印度本」、63〜66までが「乾本」にあたる。25の「阿波国文庫本」までが、伊勢本の略本系、35の「広本」までが伊勢本の増補本系になり、36〜38は黒本本類、41〜53は永禄二年本類、54〜61が弘治二年本類にあたる。

「反」字の字音が、漢音「ハン」呉音「ホン」であるとすれば、「反古／反故」という漢字列を「ハン〜」あるいは「ホン〜」とみなすことはいついかなる時でもありそうで、このケースではそうしたことも考え併せる必要がある。その上で、いささか粗いが、右で附訓として施された語形の整理をすれば、（書き方は問わないこととして、そしてまた濁点の有無も問わないこととすれば）「ホンゴ」十二例、「ホング」十一例、「ホウグ」二十五例、「ホウゴ」二例ということになり、『日葡辞書』が「ホウグ」を本見出し項目として、「ホンゴ」を参照見出し項目としていることと、ひとまずは軌を一にしていることにはなる。先に概観したことが然りとすれば、「ホンゴ」が伝統語形、「ホウグ」が新興語形ということになり、『節用集』諸テキストを総体としてながめれば、新興語形を附訓していることになる。その一方で、「ホング」を伝統語形、「ホウゴ」を新興語形に含めて考えれば、伝統語形が二十三例、新興語形が二十七例となり、両語形拮抗とまではいえないにしても、新興語形一辺倒ではないことも明らかである。

右では「ホグ／ホゴ」が附訓としてみられず、そのことをどのように考えるかということがあるが、それについては、今は措くことにする。テキストの「類」まで考えた場合、（いうまでもなく現存の、ということになるが）54〜61の弘治二年本類の「類」としての緊密さが目を惹く。しかしそれでもなお、60の「寛永十九年本」は他テキストが「ホウグ」を附訓しているのに対して「ホング」を附訓している。

それと対照的に、伊勢略本には「ホウグ」「ホウゴ」「ホング」「ホンゴ」四つの附訓がすべてみられ、「類」というほどの緊密さがみられない。しかしまた、このような状態が自然な姿であるとすれば、『節用集』というテキストにとっての附訓は、そのようなものであることになる。そのように『節用集』が書写されてきたとみれば、やはり附訓は絶対のものではなく、『節用集』においては漢字列が軸であるとみるのが妥当といえよう。そうであっても、右には「反古」「反故」二種類の漢字列がみられるのであり、漢字列が「絶対」のもの、すなわちまったく「揺れ」ないわけではない。ただし、右のようにみれば、附訓が「揺れ」ていることと、漢字列が「揺れ」ていることとの「意味合い」は異なるとみなければならない。

同一の漢字列に附された異なる訓は、漢字列を軸にしてみた場合には、当該漢字列に結びついている、複数の訓＝語形のうちのいずれかを示したものであるという点において、現代人の眼には「揺れ」と映ったとしても、当該時期には「揺れ」ではなかった可能性もある。語形＝発音形が異なれば、語そのものが異なるという「みかた」は「みかた」と改めて述べる必要もないほど当然の「みかた」であろうが、文字列なかんづく漢字列を中心にすえた、文字側からの語の把握というものがあったとすれば、附訓が「揺れ」るのは当然ということになる。説明のために、あえてわかりやすい表現を使えば、語形＝発音形側からの語の把握を「音声中心主義」、文字列側からの語の把握を「文字中心主義」とでも表現できよう。漢字列の「揺れ」は、軸として「揺れ」ないはずの漢字列における「揺れ」で、当該時期においては、結局は「揺れ」ではない可能性があるが、そこから得られる知見の「意味合い」は異なる。「膚(ハダエ)肌(ハダエ)」(「堺本」は部支体門)のような記事をもつことからすれば、『節用集』がどちらかといえば、「文字中心主義」に傾くといってよいと考える。

天正十八年本類に関して、山田忠雄(一九七四)は「六本は偶然三本ずつ二類にわかれることになった」、「堺本をはたがしらとし、早大本・阿波国文庫本がこれにしたがふ」(序五頁)と述べており、「横本・(隠岐本)・岡田真本・慶長十二年本」と「堺本・早稲田大学本・阿波国文庫本」との「二類」に分かれることがすでに指摘されている。「横本・岡田真本・慶長十二年本」の附訓は「ホンコ」、「早稲田大学本・阿波国文庫本」の附訓は「ホング」で、対照をみせ、「堺本」が右振仮名に「ホンコ」、左振仮名に「ホウグ」を施している。「ホング」は「ホンゴ」の母音交替形であるが、末尾が「グ」であることに着目して、「〜グ」というくくりかたをすることが許されるのであれば、「ホング」は「ホウグ」にちかいことになり、そうみると、「堺本」が天正十八年本類の「二類」、二つのグループの橋渡しをしているようにみえなくもない。山田忠雄(一九七四)はまた「みぎのかんがへにしたがふならば、諸本間の類化(中略)は、任意の二本の比較のつみかさねによってはじめて可能である。しかも、その親近関係は語順のちかさに正比例するといふことがいまやあきらかであらう。語順のちかさを媒介として出入が算定され、ことなりが決定し、また類化もすすむ。この意味において天正十八年本類は天与の好条件をもつ。わたくしがこの本をなしたゆゑんは実にこの点にかかる。堺本が、正確な刊行時期はいまだつまびらかでないとしても、なほ節用集中最古の板本であるといふ栄をになってゐることは、わたくしのめをもってするならば、決して偶然ではない。伊勢本中もっとも流布をみたテクストであること、すべての略本のながれのなかにあって取捨選択のもっともよくおこなはれた本であること、この二点が堺本に上記の栄誉をになはしめたのである。しかうして同時に、この二条件は古板本の成立にあたってはかかすことができないものとおもふ」(序三頁)と述べており、「天与の好条件」は一つの見出し項目の観察からも実感される。

右の範囲では、「堺本」の他に46「高野山本」、53「枳園本」が左右に振仮名を施し、32「辞林枝葉」は漢字列右側に二種類の振仮名を施す。こうした振仮名の形式は、テキストの系譜的聯関とは関わらないようにみえ、そうであるとすれば、臨時に(つまりいついかなる時でも)取り得る形式であったことになる。[註4] 漢字列を軸にした場合、先に述べたように、当該漢字列と結びつく訓が複数あることはむしろ自然で、そうしたことに対応する形式、「揺れ」を吸収する形式が左右両振仮名であったとみることができよう。そのような眼で、左右両振仮名を再評価することも今後は必要であると考える。

第四章

明治期の辞書における「揺れ」

第一節　『英和字彙』初版と再版との対照

本章では、明治期に編まれた辞書体資料を分析対象として採りあげることにする。拙書『百年前の日本語』（岩波新書、二〇一二年）の第五章「辞書の百年―辞書を通してみた日本語の変化」において、明治六（一八七三）年に柴田昌吉・子安峻によって編纂、出版された『附音挿図英和字彙』（横浜日就社刊）（以下、『英和字彙』初版と呼ぶ）を採りあげたが、本章においても、この『英和字彙』初版を採りあげることにする。周知のことに属すると考えるが、この『英和字彙』初版はロプシャイト『英華字典』（一八六六～一八六九年刊）を参照していることがこれまでに指摘されている。

例えば『英華字典』において、〈おそれ〉という語義をもつ「fear」にあたると、そこには中国語で語義が説明されている。その説明中に置かれている二字の漢字列からなる漢語を抽出すると、「畏憚」「懼憚」「忌憚」「畏忌」「憭慄」「心慌」「唔怕」「不懼」「驚嚇」「戦慄」「戦兢」などがみられる。『英和字彙』初版の語釈には「恐懼（ヲソレ）」「掛慮（キガ、リ）」「忌憚（ハヾカリ）」「恭敬（ウヤマヒ）」「案山子（カ、シ）」とある。辞書体資料の影響関係には（当然のことながら）見出し項目ごとに「濃淡」があることが推測され、その意味合いでは「一筋縄」ではいかない。見出し項目「fear」においても、『英華字典』が『英和字彙』初版に影響を与えているとすれば、その「影響」はさほど大きなものではないともいえよう。『英華字典』が示す、複数の漢語の中で、重なり合うものは、「忌憚」のみということになる。今ここでは、『英和字彙』初版が、何らかのかたちで『英華字典』の影響下にあることは認め、しかしその影響関係を具体的に検証するという作業は行なわないことにする。影響関係にあるということは、見出し項目に配する語釈に使う漢語が（そういう意味合いで）「あらかじめあった」場合があることになり、その「あらかじめあった」漢語漢字列に、振仮名を施すという、通常とは異なる「手順」が内包されている可能性があることになる。「通常とは異なる」とは、稿者のみかたでは、振仮名となっている語に、漢字列をあてるという「手順」を通常の「手順」とみているからである。したがって、「恐懼（ヲソレ）」は、稿者の通常のみかたにおいては、「オソレ」という和語に「恐懼」という漢字列をあてた、と「振仮名→漢字列」とみることになるが、これを「恐懼」という漢語漢字列に「ヲソレ」という振仮名を施したと「漢字列→振仮名」とみる、ということである。ここにも漢字列を軸とした「文字中心主義」と呼ぶことができる現象があることになる。

本章においては、『英華字典』から『英和字彙』初版への展開ではなく、『英和字彙』初版から『英和字彙』再版（明治十五年八月刊）への展開、さらには、『英和字彙』再版第二版（明治二十年五月刊）への展開に注目したい。『英和字彙』再版は、語釈を横書きにし、さらに初版に施されていた振仮名の大多数をはずしている。再版第二版は、語釈の横書きは踏襲しているが、振仮名を「復活」させている。右の「fear」の語釈を示す。語釈の右に傍線を施した語は、初版の語釈に置かれていた語。

初版……………恐懼（ヲソレ）掛慮（キガ、リ）忌憚（ハヾカリ）恭敬（ウヤマヒ）案山子（カ、シ）
再版…………恐怖　畏懼　掛慮　忌憚　戦悸　恭敬　案山子
再版第二版…恐怖（コハガリ）畏懼（オソレ）掛慮（キニカケルコト）忌憚（ハヾカリ）戦悸（オソレ）恭敬（ウヤマヒ）
案山子（カ、シ）

初版の「忌憚（ハヾカリ）」は、このようなかたちで語釈を置くことになった「経緯」は「経緯」として、このかたちからすれば、「ハバカリ」という和語が語釈として選択され、その「ハバカリ」に漢語漢字列「忌憚」をあてた、とみるのが稿者の通常のみかたである。その限りにおいて、初版は「ハバカリ」という和語を語釈としていることになる。一方、再版においては「忌憚」とあるのみで、振仮名が施されていないのだから、再版を使用するにあたって、一々初版を参照していたとはおよそ考えられないので、そうであれば、再版においては、「キタン」という漢語を語釈とし、その漢語をもっとも自然な漢字列で示した、とみるのが自然である。再版がおこなったことは、初版の振仮名の大多数をはずすということであったかもしれないが、そのことによって、語釈に使われる語が和語から漢語へと大きく変化したことになる。再版は、語釈を横書きにしたことで、使いやすくはなったと思われるが、その一方で、振仮名をはずされた再版の語釈そのものは、わかりやすいものだったのだろうか。二年後に出版された再版第二版がまた振仮名を「復活」させていることからすれば、振仮名をはずされた再版の語釈がかならずしもわかりやすくはなかった可能性があろう。右の見出し項目においては、再版と再版第二版の間では、語釈に使われている語の出入りはない。しかし、初版で使われていた「恐懼」は再版に受け継がれず、その一方で、再版においては、「恐怖」「畏懼」「戦悸」が新しく語釈で使われている。例えば「戦悸」は『晋書』で使われている語であるので、古典中国語といえなくもない。しかし、明治六年に出版された初版では使われていなかった漢語が明治十五年の再版で使われているということをどのようにみればよいか、という問いに対しての答えは明治初期から明治二十年頃までの漢語の「動き」、日本語の「動き」をどうみるか、ということがらの中に組み込まれている必要があろう。ちなみにいえば、この「戦悸」は、明治二年に刊行され、後の漢語辞書に多大な影響を与えたことが指摘されている『漢語字類』(四三四〇語収録)に見出し項目として採られておらず、明治十二年の序をもつ『必携熟字集』(一九八七七語収録)には見出し項目として採られている漢語ということになる。ただし「恐懼」「恐怖」に関していえば、これらの漢語は『漢語字類』にも『必携熟字集』にも見出し項目として採られており、（当然のことではあるが）一つの漢語からわかることには自ずから限りがある。漢語辞書側からみれば、見出し項目として採られているかいないか、ということはもっともはっきりした「情報」ではあるが、見出し項目として採られている場合であっても、どのくらいの規模の漢語辞書において見出し項目となっているか、という観点も重要である。『漢語字類』と『必携熟字集』とでいえば、後者は前者の四・五倍ほどの規模であり、このように多くの見出し項目を有する漢語辞書が（その成立時期も視野に入れながら）どのような漢語を取り込んでいるかということについては、今後精査していく必要があろう。

初版と再版と対照すると、初版においては語釈に使われていなかった語が再版の語釈に使われていることが少なからずある。そうした例をF部からH部までの間で挙げてみることにする。まずは漢字列を観察対象としたいので、初版の振仮名は表示しない。初版の語釈で傍線を施してある語が再版の語釈にはみられず、再版の語釈で傍線を施してある語が初版の語釈にはみられない。おもに名詞を抽出した。

	初版	再版
1 Feature	容貌　形容　形勢　綱領	容貌　形状　形容　形勢　綱領
2 Febricula	微熱	微熱　小熱
3 Feebleness	薄弱　懦弱	薄弱　軟弱　懦弱
4 Feint	虚飾　偽計　詐攻	虚飾　偽計　詐攻　佯撃
5 Ferociousness	暴悪　猛烈　残虐	暴悪　猛烈　残虐　兇悍
6 Fewness	些少	些少　少数

7 Fight	戦争　諍闘	戦争　諍闘　格闘
8 Filcher	小賊	小賊　竊盗
9 Fireman	救火夫　火夫	救火夫　消防夫　火夫
10 Flattery	諂媚　面従　承従	諂媚　面従　承従　便佞　諂諛
11 Flurry	暴風　周章　混乱　暴雨	暴風　周章　慌忙　混乱　暴雨
12 Forbearance	脱去　逃避　停止　忍耐　寛容	脱去　逃避　停止　忍耐　寛容　容忍
13 Forest	森　樹林　官林　禁断所	叢林　森　樹林　官林　禁断所
14 Forgetting	忘却　等閑　不注意	忘却　等閑　不注意　無念
15 Fortitude	剛勇　剛気　鋭気	剛勇　剛気　鋭気　耐持　亮直
16 Foundation	基礎　設立　建造　開闢　寄進銀	基礎　基址　根本　臺材　設立　建造開闢　寄進銀
17 Fraud	詭詐　哄騙　奸猾	詭詐　哄騙　欺瞞　奸猾　包弊
18 Freak	転意　執拗　戯弄　縦意	転意　転想　執拗　戯弄　縦意
19 Free-will	放縦　随意	放縦　随意　自由意志
20 Freshet	氾濫　洪水　清流	氾濫　洪水　暴漲　清流
21 Friction	摩擦　相摩	摩擦　相摩　擦揩
22 Frendship	交際　交誼　親睦　懇切	交際　交誼　友道　親睦　懇切　厚情
23 Fright	驚愕　恐懼　落胆	驚駭　驚怕　恐懼　冷膽
24 Frolic	快活　快楽　喜悦　浮戯　雀躍	快活　快楽　喜悦　嬉遊　浮戯　雀躍
25 Frontier	境界　分界　邉彊	境界　分界　邉彊　邊界
26 Frown	皺面　渋面	皺面　顰額　渋面

27 Fruit	産物 果実 種子 結果 利益	産物 果子 果実 種子 結果 利益
28 Fulfilment	成就 完全 成功	成就 完全 成功 践言
29 Gait	歩行 進行 歩法 姿態	跬歩 歩行 進行 歩法 姿態
30 Ghost	精神 亡魂 幽霊	神 精霊 亡魂 幽霊
31 Gibe	誹謗 嘲弄	誹謗 譏誚 嘲弄
32 Gird	急痛 鞭打 誹謗 罵言	急痛 鞭打 誹謗 罵言 譏誚
33 Glory	栄誉 栄華 光明 天幸 誇耀	栄光 名声 栄誉 栄華 光明 天幸
	後光	誇耀 後光
34 Gracefulness	威儀 従容 温雅	威儀 従容 温雅 秀美
35 Gratification	喜楽 満足 褒賞	嗜 喜楽 満足 饜飫 褒賞
36 Gravity	重量 重力 厳粛 沈重 低音	重量 重力 地心力 厳粛 沈重 低音
37 Grief	憂愁 哀痛 悔恨 艱難 辛苦	憂悶 憂愁 哀痛 悔恨 艱難 辛苦
	苦痛	苦痛
38 Gulf	曲江 淵 渦	海股 内海 曲江 淵 渦
39 Gybe	嘲弄 誹謗	嘲弄 誹謗 譏刺
40 Habitation	居住 住所 住家	居住 居處 寓所 住所 住家
41 Hand-writing	書風 手述 文書 手録	書風 筆迹 文書 筆録 手書
42 Happiness	幸福	幸福 福祥
43 Harbour	歇家 港 避所	歇家 港 避所 海口 港口 船泊所
44 Harbourage	蔵匿 設宿	蔵匿 包蔵 包庇 設宿
45 Haste	急速 神速 倉卒 敏捷 焦躁	急速 神速 倉卒 急忙 敏捷 焦躁

46 Haven	港 曲江 泊船所 避所	港 湾 曲江 海口 泊船所 避所
47 Headway	進歩 捗取	進歩 前 駛前
48 Health	健康 安寧 平安	健康 安寧 平安 無病 安否
49 Heartache	心痛	心痛 憂悶
50 Heartlet	小心	狭心
51 Help	扶助 救助 加手	扶助 救助 幇助 副手 補助
52 Hero	英雄 豪傑	英雄 豪傑 勇将 大丈夫
53 Heroine	勇婦	勇婦 女丈夫
54 Heroism	英気 勇気	英気 勇気 豪気
55 Heron	鷺	蒼鷺
56 Hesitancy	狐疑 躊躇 逡巡	狐疑 躊躇 逡巡 猶豫
57 Hesitation	狐疑 躊躇 逡巡 口訥	狐疑 躊躇 逡巡 猶豫 口訥
58 Heterodoxy	外道 邪教	外道 邪教 異端
59 Hind	家人 奴婢 農夫	家人 奴婢 農夫 田夫
60 Hint	暗告 暗号	暗告 暗号 暗指
61 Honesty	篤実 忠直 誠実 質樸 正直	敦厚 篤実 実義 篤信 忠直 誠実
	義気	質樸 正直 義気 沕穆 忠誠
62 Honey	蜂蜜 甘味 優美 美物	蜂蜜 蜜 蜜糖 甘味 優美 美物
63 Hope	望 希望	望 希望 抬望
64 Humanity	人情 仁心 慈愛 人間 語学	仁 人情 仁慈 仁心 慈愛 人間
		語学

65Hunger　餓　渇望　饑餓　空腹　渇望

50では語釈が「小心」から「狭心」に換えられている。あるいは55では語釈が「鷺」から「蒼鷺」に換えられている。このことからすれば、当然のことではあるが、再版は初版を踏襲するというよりは、初版の語釈に吟味を加えていると思われる。50「Heartlet」はそもそも『英華字典』においては見出し項目として採られていない。一方55「Heron」は『英華字典』において見出し項目として採られており、語釈にはまず「蒼鷺」とある。初版が編まれるにあたって、『英華字典』が参照されているのだとすれば、再版の出版にあたっても、『英華字典』が再度参照される可能性はある。ただし、例えば56、57に関していえば、56はそもそも『英華字典』が見出し項目としていない。もちろん『英華字典』が見出し項目としていない場合には、『英華字典』以外の辞書体資料を参照し、見出し項目としている場合は、『英華字典』を参照するということは不可能ではないので、そうした可能性もひとまずは視野に入れておく必要はあろう。57は『英華字典』が見出し項目としているが、その語釈には「躊躇・狐疑者・徘徊者・逡巡者・需事之賊也」とあって、初版の語釈が『英華字典』を下敷きにしていないとまではいえないにしても、そこにはやや「距離」があるようにみえる。そして仮に初版がこの見出し項目に関して『英華字典』を参照しているのだとすれば、「口訥」は編纂者が自身の考えに基づいてそこに置いたか、あるいは他の辞書体資料を参照してそこに置いたことになる。このような場合、これまでの辞書研究は、系譜的聯関の解明を重視し、まず『英華字典』の語釈にみられる語で、初版の語釈にみられる語をマークして、それらは『英華字典』から持ち込まれたとみなし、次には別の辞書体資料との対照を行ない、ある程度の重なり合いがみられれば、それらはその辞書体資料から持ち込まれたとみなし、さらにまた第三の辞書体資料にあたるという「手順」がとられることが多い。そういうことがないとはもちろんいえない。しかし、もしも実際にそういう「手順」をふんで、ある辞書体資料が編まれたのだとすれば、やはりそこには「編集者の判断」が働いていることになる。『英華字典』を参照しながら、『英華字典』の語釈すべてをとりこむのではなく、取捨選択しているとすれば、その取捨選択をしているのは編集者であって、とりこまれた語釈は、その編集者によって「承認」されたことになる。そして第二の辞書体資料から同様にとりこまれた語釈があるのだとすれば、それもその編集者によって「承認」されたことになる。この「承認」という概念を辞書体資料の分析には使うことを今後考えていきたい。

ちなみにいえば、「コウトツ（口訥）」は『後漢書』で使われている語で、古典中国語といえるが、『日本国語大辞典』第二版は見出し項目としていない。また『漢語字類』も『必携熟字集』も採りあげていない。英和字典の語釈に使われる漢語と漢語辞書が見出し項目としてとりあげる漢語とがどのように重なり、どのように重ならないか、という検証は今後の課題といえようか。山田美妙『新編漢語辞林』（明治三十七年刊）は四九四九四語を見出し項目とするが、例えば再版の語釈にみられる「ヨウゲキ（佯撃）」「エンユ（諂諛）」「ヨウニン（容忍）」「タイジ（耐持）」「リョウチョク（亮直）」「ホウヘイ（包弊）」「テンソウ（転想）」「サッカイ（擦揩）」「ヘンカイ（邊界）」「シュクガク（蹙額）」「キショウ（譏誚）」「エンヨ（饜飫）」「チシンリョク（地心力）」「カイコ（海股）」「シゼン（駛前）」「アンシ（暗指）」「タイボウ（抬望）」などは見出し項目としてみられない。その一方で、目にすることが必ずしも多くはない「ボウチョウ（暴漲）」「ユウドウ（友道）」「ホウヒ（包庇）」「イタン（異端）」は『必携熟字集』『新編漢語林』がともに見出し項目とし、「センゲン（践言）」「フクショウ（福祥）」「ブツボク（沕穆）」は『新編漢語辞林』が見出し項目とし、「キシ（譏刺）」は『必携熟字集』が見出し項目としている。

「ジュウリョク（重力）」の語釈として再版に置かれている「チシンリョク（地心力）」、「Gulf」の語釈として再版が使う「カイコ(海股)」、「Hint」の語釈として再版が使う「アンシ(暗指)」、「Hope」の語釈として再版が使う「タイボウ(抬望)」は『日本国語大辞典』第二版も見出し項目としていない。『日本国語大辞典』第二版が見出し項目としている語にも限りがあるのであって、そのことからすれば、『日本国語大辞典』第二版に見出し項目として採られていないことにはさほどの意味合いはないともいえるが、それでも一つの目安にはなると考える。

初版の語釈と再版の語釈とを対照すると、右のように、初版の語釈を換えることもあるが、初版の語釈に加えて幾つかの語を置くことが多いことがわかる。そしてその付け加えられた語は、初版の語釈のいろいろな位置に置かれている。38のように冒頭にそうした語が置かれている場合もあれば、63のように後ろに置かれている場合もあり、また40のように中程に置かれている場合もある。先に述べたように、初版の語釈をまったく変えている場合もみられるので、再版は、単純に、初版を踏襲した上で増補しようとしているわけではないと推測する。初版以外の辞書体資料を参照している可能性を否定することは現時点ではできないが、仮にそうであっても、新たに取り込む語をどの位置に配置するかについて判断していることになる。また、これも現時点では推測にとどまるといわざるをえないが、他の辞書体資料を媒介としないで、編集者自身が置いた語もあると考える。その場合は、やはり語義のちかい語の次に置くことが予想され、そうであれば、そこには「連合関係」が観察されることになる。

16「Foundation」を例にとって、右のみかたを説明してみる。16では初版の語釈に「基礎・設立・建造・開闢」とあり、再版の語釈には「基礎・基址・根本・臺材・設立・建造」とある。したがって、初版の「基礎」の後ろに、再版は「基址・根本・臺材」の三つの語を置いたかたちになっている。『英華字典』の見出し項目「Foundation」には「基・基址・地基・地脚・脚石・底石・牆脚・地牛石・阯・趾・立基・立地牛石・立地脚石」とあって、「基址」は『英華字典』にみられる。再版の「基址」が『英華字典』から持ち込まれたかどうかについては今は措くが、「基址・根本・臺材」がここに置かれたのは、「キソ（基礎）」の類義語として、「キソ（基礎）」を契機とした連想＝「連合関係」によってのことではないかと臆測する。あるいは9「Fireman」の再版にみられる語釈「消防夫」は「救火夫」から導き出されたものではないだろうか。『日本国語大辞典』第二版は「ショウボウフ（消防夫）」の例として、明治二十一年の『東京日日新聞』の記事をあげている。この語は山田美妙『新編漢語辞林』（明治三十七年刊）にも「消防夫《セウバウフ》　シゴトシ」（一四八二頁）とみえる。「キュウカフ（救火夫）」は『漢語便覧』（明治四年刊）にみえる。「Fireman」は『英華字典』が見出し項目としない。

ここまで、『英和字彙』初版（明治六年刊）と再版（明治十五年刊）の語釈に使われている語を対照してきた。初版と再版とを対照すると、多くの異なりを見出すことができる。語釈に使われている語の出入りが、そのまま明治六年と明治十五年との語彙体系の異なりに起因するとはいえないけれども、そうしたことに基づく場合も含まれることはあろう。そしてまた、辞書体資料を観察対象とした時に、系譜的聯関をおさえることは、こうした観察の「いろは」であることは否定しないが、それに過度に縛られることによって、辞書体資料それそのものに対するアプローチが「後回し」になることも、できれば避けたいと考える。

第二節　『〔和英／對譯〕いろは字典』初版と再版との対照

尾本國太郎、江口虎之輔共編の『〔和英／對譯〕いろは字典』が明治十八（一八八五）年に、報告堂を印刷所として出版されている。刊記には「明治十八年一月十五日板権免許／明治十八年六月二十二日出版」とあり、「正價金五圓」の朱色のスタンプがおされている。

この辞書は見出し項目となる日本語をカタカナで示し、その後ろに、その日本語にあてる漢字列を示し、その後ろには丸括弧に「名・代・形・副・前・接・間・自・他」の略号を入れ、それぞれ名詞、代名詞、形容詞、副詞、前置詞、接続詞、間投詞、自動詞、他動詞という、品詞等を示し、その後ろには英語で、語釈が示されている。一つの見出し項目が一行で完結することも多く、それに応じて（といっておくが）語釈も簡潔を旨としているように思われる。

この『［和英／對譯］いろは字典』の再版が明治二十年の十二月に出版される。刊記によれば、「出版人」は東京府士族「久野木信善」、「増訂者」はやはり東京府士族である長谷川辰二郎との由。本書の「凡例」は屋名池誠『横書き登場』（二〇〇三年、岩波新書）の表現に従えば「縦書き・右へ行移り」（四十七頁）で書かれているが、その冒頭には次のように記されている。漢字字体は保存しないで引用する。

本書第一版ハ明治十八年始メテ梓ニ上シ初学者ヲ裨益スルコト尠カラザリシモ当時忽卒ノ間ニ成リ活版ノ術又精シカラズ往々誤植脱漏ナシトセズ今ヤ之ニ訂正ヲ加ヘ有要ノ言語熟語作例等一万余言ヲ増補シ更ニ再版ニ付ス未ダ完全無暇ト称スベカラザルモ少補ナキニアラザルベシ

右の言説からすれば、初版の「誤植脱漏」を「訂正」しかつ「増補」を行なったことになる。本節においては、この『［和英／對譯］いろは字典』（本節内では以下は『いろは字典』と表示する）の初版と再版とを対照し、両者にみられる言語上の「揺れ」について考えてみたい。ここでは「い部」から「は部」までの三部をおもな観察対象とし、全体についての対照、考察は稿を改めることにしたい。

初版十三頁に「ハタヌグ、袒」という見出し項目がみえる。語釈は「to be bare or naked to the waist.」である。

再版は同じ語釈を附して、見出し項目としては「ハダヌグ、袒」とある。語釈が同じであるので、同じ見出し項目であることはたしかで、おそらく初版は「ハダヌグ」とすべきところを「ハタヌグ」としてしまい、かつ、添える漢字列も字形の類似から「袒」とあるべきところを「袓」と誤ったものと思われる。こうした訂正が「誤植脱漏」の訂正ということになろう。あるいは初版の見出し項目「ハラヲヒ〈腹帯〉」は再版では「ハラヲビ〈腹帯〉」となっている。これも「ハラヲヒ」は考え難く、「誤植脱漏」の訂正といえよう。

漢字列を変更した例は少なくない。しかし、それらすべてが右のように、「誤植脱漏」を訂正したものではないと思われる。例えば、初版は見出し項目「ハリネズミ」に「蝟」字を添える。再版は「猬」字を添える。しかし「蝟」字字義も「猬」字字義も〈はりねずみ〉なのであって、どちらの字を使うこともできる。こうした場合は、なぜ再版が添える文字〈列〉を換えたのか、その理由は推し量りにくい。あるいは見出し項目「ハヤミチ」において、初版は漢字列「早徑」を添え、再版は漢字列「捷徑」を添える。漢字列「捷徑」は漢語漢字列であり、〈「ハヤミチ」という語にあてることからすれば〉「早徑」は訓を媒介にした漢字列にみえ、その点において日本的漢字使用とみることはできる。そうみたとして、ではなぜ初版の日本的漢字使用を退けたのか、ということになる。見出し項目「ハテ」においては、初版が漢字列「結果」を添え、再版は「果」字を添えている。この場合は、「結果」は漢語漢字列であるので、初版が非日本的漢字使用を採用していたことになる。となれば、見出し項目に添えてある漢字列の変更には、大きな「傾向」があるというよりは、それぞれの見出し項目ごとに、何らかの「判断」がなされたとみるしかない。したがって、漢字列の変更について、「傾向」を見出す事はむずかしいと考える。

初版にはみられなかった「インサツキョク〈印刷局〉」「ハクシャク〈伯爵〉」「ハクシャクフジン〈伯爵夫人〉」が再版において見出し項目となっていることは、時代に応じた「増補」とみることができよう。このような語ではなくても、再版の「凡例」が先に引いたように「有要ノ言語熟語」を「増補」したと述べていることからすれば、再版の編集に際して、「有要ノ言語熟語」と認めたから「増補」したという「みかた」はすべての「増補」された見出し項目に有効であることになる。そもそも、初版の刊行は明治十八年で、再版の刊行は明治二十年であるので、その点だけからすれば、初版刊行から再版刊行までは二年しか経っていない。その間に日本語が急激に変化したとは考えにくい。しかし、明治十八年に初版が刊行されるなにほどか前から初版の刊行準備が行なわれていたとすれば、初版が取り込んでいる日本語は明治十八年を何年か遡った時点の日本語ということになり、仮に三年程度前だとすれば、明治十五年頃となり、この頃から明治二十年頃にかけて、案外と変化があった、ということを示唆している可能性がある。漢語辞書の刊行が明治二十年頃を境にして、やや「下火」になっていくこと、明治十八年頃から明治二十年を少し超えた頃までの間に、本格的な国語辞書が次次と出版されたことなどは、やはり気になることであり、明治二十年前後には注目したいと考える。そうしたことを具体的なかたちで明らかにするためにも、『いろは字典』初版と再版との対照は意義をもつと考える。

[「イシズミ」と「セキタン（石炭）」]

幾つかの語について考えてみたい。まず初版の見出し項目「イシヅミ、石炭」が再版にはない。『いろは字典』初版・再版には「仮名文字綴字方之表」が添えられており、「ヅ、ズ」はいずれも「ヅ」で表示することになっているので、「イシヅミ」は誤りではない。「イシズミ」という語形は『和漢三才図会』にもみえており、江戸時代にすでに使われていた語形である。明治二十四年に完結した『言海』は、「いしずみ」を見出し項目とし、そこに「古キ語、或ハ、多ク用ヰヌ語」を示す符号を附す。語釈には「せきたんニ同ジ」とある。

そして「せきたん」も見出し項目としている。このことからすれば、(一八四七年生まれの大槻文彦の判断ということになるが)明治二十四年の時点で、「イシズミ」は古い語という感じがあったかと思われる。これは明治十八年刊行の『いろは字典』初版にあった見出し項目が明治二十年刊行の再版においてはなくなっているということと軌を一にしていると考える。ちなみにいえば、初版、再版ともに見出し項目「セキタン、石炭」は備えている。同義語は不必要であることは当然で、江戸時代以来の語形が新しい語形である「セキタン」に入れ替わったのがこの明治二十年前後ということであろうか。『和英語林集成』においては、一八六七年に出版された初版、一八七二年に出版された再版、一八八六年、明治十九年に出版された第三版、いずれも「イシズミ(ISHI-DZMI)、石炭」を見出し項目としている。初版、再版、第三版ともに、この見出し項目の「Syn」(シノニム)として「SEKITAN」(セキタン)を示している。

辞書体資料は、はっきりとした個人を編集者とする場合、その個人の言語感覚を色濃く反映したものとなりやすいとひとまずはいえよう。同じ時代に生きた人物であっても、言語に関する経験にはかなりの差があることが推測され、そのことからすれば、同時代に編集された辞書体資料であっても、言語に対してどのような「態度」をとり、どのように「評価」するかということには幅、「揺れ」があることも当然のことといえよう。右のことがらに関して、『和英語林集成』はいわば「保守的な態度」を示しているといえよう。

初版にみられた「ハカチ、墓地」、「ハカバラ、墓原」はともに再版にはみられない。一方、「ハカバ、墓場」は初版、再版ともに見出し項目としている。「ハカバ」の語釈は「A cemetery」で、「ハカチ」には「A cemetery, grave yard」、「ハカバラ」には「A cemetery」とある。語釈として置かれた英語からすれば、「ハカバ」と「ハカバラ」はいわば完全な同義語、「ハカチ」もそれにちかい語であることになる。『和英語林集成』は初版・再版・第三版ともに「ハカバラ」は見出し項目として採らないが、「ハカバ」「ハカチ」「ハカワラ」は見出し項目としており、「ハカチ」「ハカバ」に添える英語は『いろは字典』と等しい。ただし、第三版においては、「ハカバ」にもハイフンなしの「graveyard」を加え、「ハカチ」にも「burying-ground」が添えられている。見出し項目「ハカチ」には再版から「Syn」として「ハカバ」「ハカワラ」が、見出し項目「ハカワラ」にはやはり再版から「Syn」として「ハカチ」「ムショ」が示されている。このことに再版が出版された一八七二年、すなわち明治五年をどの程度関わらせてよいのか不分明であるが、初版にはこの注記がなかったことからすれば、次第に(といっておくが)「ハカチ」と「ハカバ」「ハカワラ」との語義が接近していったということになろう。「ハカハラ」が連濁したかたちが「ハカバラ」、ハ行転呼したかたちが「ハカワラ」ということになり、明治期には両語形が併存したか。『日本国語大辞典』第二版は「ハカバラ」は見出し項目とせず、「ハカハラ」を参照見出し項目として、「はかわら」を参照するようになっている。『いろは字典』初版にははっきりと「ハカバラ」とあるのであって、「ハカワラ」をいわば本見出し項目とする『日本国語大辞典』第二版の判断には『和英語林集成』のあり方が関わっていないか。先に述べたように、個人を編纂者とする明治期の辞書体資料は、統一がとれた判断がなされている一方で、その「判断」には「幅」「揺れ」があるのであって、特定の一つの辞書体資料の「判断」を時代の日本語全体に及ぼすことには慎重でなければならないと考える。『和英語林集成』がよくできた辞書であることは認められようが、それ一つですべてを判断することはできないことはいうまでもない。今後は、他の和英辞書も参照にすることが自ずから求められよう。

次に『言海』を検すると、見出し項目は次のようになっている。

はかしよ(名)‖墓所‖墓ノアル所。ムシヨ。ハカバ。

はかば(名)‖墓場‖ハカハラ。墓ノアル地。

はかはら(名)－墓原－墓ノアル地。墓場。ムシヨ。

むしよ(名)　－墓所－ハカドコロ。墓場。

『言海』の右の見出し項目からすれば、「ハカショ」は「ムショ」「ハカバ」であるのだから、「ハカショ↔ムショ」「ハカショ↔ハカバ」という関係が成り立っており、「ハカバ」は「ハカハラ」であるのだから、「ハカバ↔ハカハラ」という関係も成り立っており、同じように考えていけば、「ハカハラ↔ハカバ」「ハカハラ↔ムショ」、「ムショ↔ハカバ」という関係が成り立っていることになる。結局、「ハカハラ」と「ハカバ」とは「ハカハラ↔ハカバ」というかたちで双方向に強い結びつきを形成しており、他の「ハカショ」「ムショ」も(語釈中に「ハカバ」がみえ)すべて「ハカバ」と結びついていることがわかる。稿者の表現を使えば、「ハカバ」を中心とした連合関係が成立しているのが、これらの語であることになり、「ハカバ」を見出し項目として採用すれば、「ハカバラ(墓原)」は必要がないという再版の判断は『言海』の状況と通うことになる。ちなみにいえば、『言海』は(稿本、刊本ともに)「ハカチ(墓地)」を見出し項目としていない。

[「イトク(威徳)」「イギ(威儀)」「イセイ(威勢)」]

初版には次のようにある。

イトク、　威徳(名)Majesty, dignity power, authority

イコウ、　威光(名)Power, authority.

イギ、　威儀(名)Majestic, august, prinerly.

イセイ、威勢（名）Power, authority, might.

再版では、「イコウ（威光）」は初版と同じように見出し項目となっているが、「イトク（威徳）」「イギ（威儀）」「イセイ（威勢）」は見出し項目となっていない。つまり初版にあった、これらの見出し項目は再版では削られたことになる。先に引いたように、再版は初版の「誤植脱漏」を訂正し、「有要ノ言語」を「増補」することを目的として編まれているのであり、そのことからすれば、（再版編集時に不必要と判断された見出し項目を削ることは常識としてはあり得るが）これら三つの見出し項目を削ったことは目を牽く。

これらの漢語について、「『節用集』以来」という表現がふさわしいかどうかわからないが、例えば先に述べたように、「正宗文庫本」のい部言語進退門には「威儀」「威徳」「威光」「威勢」の順に見出し項目としてとられている。また「イトク（威徳）」「イコウ（威光）」「イセイ（威勢）」は『日葡辞書』も見出し項目としており、『節用集』と『日葡辞書』に見出し項目として採られていることからだけではいかにも判断として粗いが、それでも、室町時代においてすでにある程度使われている語であったとみることはできよう。

『いろは字典』が右の四語に配した語釈もちかく、それがそのまま四語の、日本語の語彙体系内での語義差ということにはならない場合もあろうが、それでもこれらの語義差があまりなくなっていたと推測することは許されよう。『〔漢英対照〕いろは辞典』には次のようにある。

ゐとく（名）　威徳、いきほひ、みいづ　Majesty, dignity.

ゐくわう（名）威光、いきほひ、威厳　Majesty, dignity.

ゐぎ（名）　威儀、礼儀、儀式、さはふ　Dignity of demeanor, dignified manner.

ゐせい　　威勢、威権、いきほひ　　Authority, power.

右の記事においては、「イトク（威徳）」「イコウ（威光）」「イセイ（威勢）」の語釈中に和語「イキオイ」が共通して置かれており、和語「イキオイ」とこれら三つの漢語とが結びつきを形成していたことが窺われる。配されている英語からすれば、「イトク」と「イコウ」とは語義がちかいと認識されていたか。『和英語林集成』においては、初版・再版では、見出し項目「イギ（威儀）」の「Syn」として和語「モッタイ」を挙げているが、第三版においては、「Syn」として漢語「イコウ（威光）」「イゲン（威厳）」を挙げている。「イコウ（威光）」は初版・再版・第三版ともに見出し項目としていない。「イトク（威徳）」「イセイ（威勢）」は初版・再版・第三版ともに見出し項目としているが、「イトク」に「Syn」は示されておらず、「イセイ」には初版・再版・第三版とも、「イコウ（威光）」「イキオイ」を「Syn」として掲げている。第三版刊行の明治十九年の時点で、といういいかたにするが、「イギ（威儀）」の類義語として「イコウ（威光）」「イゲン（威厳）」が挙げられ、「イセイ（威勢）」の類義語として「イコウ（威光）」が挙げられているのだから、「イギ（威儀）」「イコウ（威光）」（「イゲン（威厳）」）「イセイ（威勢）」の語義は接近していたと推測される。『言海』の記事も掲げておくことにする。

ゐぎ（名）｜威儀｜容儀《ミエ》ノイカメシキコト。
ゐくわう（名）｜威光｜勢ノ畏レ敬フベキコト。
ゐせい（名）｜威勢｜イキホヒ。イサマシキコト。
ゐとく（名）｜威徳｜威光アル徳。

『言海』は四つの漢語すべてを見出し項目としているが、見出し項目直下に置かれた漢字列に施された符号からすると、「威儀」「威徳」は「和漢通用」で、「威光」「威勢」は「和用」ということになる。「イコウ(威光)」も「イセイ(威勢)」も中国文献での使用が確認でき、古典中国語といえるが、それでも「和用」の符号が附されている。

明治十二年の序をもつ『必携熟字集』の「威」の項目には次のように多数の漢語が採りあげられている。振仮名を省いて、漢字列の下に語釈を掲げたかたちで引用する。

1威徳　ヰセイトトクト
2威懾　オソル、
3威名　ヰクワウノヒヤウバン
4威霊　ゴヰクワウノミカゲ
5威信　イキホヒトマコト
6威讐　オソル、
7威逼　オドシセマル
8威虐　オドシシヘタグ
9威権　イセイ
10威力　ツヨキイキホヒ
11威厳　ケンペイ
12威儀　リツパナギヤウギ

13威烈　ハゲシキヰクワウ
14威言　オドシコトバ
15威勢　ツヨキイキホヒ
16威光　ヰクワウノヒカリ
17威令　ツヨキイヒツケ
18威颪　ヰセイ
19威迫　オドシセマル
20威容　イサマシキナリフリ
21威猛　タケキイキホヒ
22威望　ヰクワウジンバウ
23威彊　イキホヒツヨシ
24威燄　イキホヒ
25威福　シヨウバツスルコト

16「威光」の語釈が「ヰクワウノヒカリ」となっていることに注目したい。「イコウ（威光）」という漢語の語義を説明するのに「イコウ（威光）」という語そのものが使われている。そして、「イコウ（威光）」の語義は例えば〈人がしぜんにおそれ敬い、それに従おうとするような勢いや力。権威。威勢〉（『日本国語大辞典』第二版、見出し項目「いこう（威光）」）であって、〈ヒカリ〉という語義は含まれていないと思われるにもかかわらず、「威光」を上字下字に分解し、「威」＝「イコウ（威光）」、「光」＝「ヒカリ」と説明したようにみえる。それだけ、造語成分としての「威」は「イコウ（威光）」という義であるという認識がつよかったことが推測される。語釈にみられる「イコウ」には傍線を施したが、そうした理解が少なからずみられることがわかる。また『和英語林集成』が「イセイ」の「Syn.」として「イコウ」とともに示した「イキオイ」も語釈にみられるので、破線を附しておいた。1では漢語「イトク（威徳）」の語釈として「イセイトクト」とあって、「威徳」を上字下字に分解して、上字「威」字を「イセイ（威勢）」、下字「徳」字を「トク（徳）」と理解しているとみえ、ここでは「威」＝「イセイ（威勢）」という理解が窺われる。結局、「イコウ」「イセイ」「イキオイ」は強い結びつきを形成していることが推測される。そしてまた、15「イセイ（威勢）」が「ツヨキイキホヒ」と、漢語を使わずに説明され、9「イケン（威権）」や18「イフウ（威風）」が「イセイ（威勢）」とのみ説明されていることからすれば、「イセイ（威勢）」は説明に使うことができる漢語、すなわち下層の漢語で、「漢語らしさ」を失いつつあったことも推測される。先に述べたように、『言海』は「イセイ」に「和用」の符号を附しているのであって、そうした漢語については、今後、他の文献での使用状況を視野に入れながら、検証していく必要があろう。右では、幾つかの辞書体資料を使いながら、それぞれの辞書体資料の記事、つまりそれぞれの辞書体資料編纂者の「判断」を重ね合わせるという「方法」を採った。それぞれの辞書体資料の記事は少しずつ異なりながら、しかし大枠としては、ある重なり合いをみせていると思われ、こうした「方法」を丁寧に積み重ねることによって、ある時期の言語が精密に把握できる可能性があると考える。

第五章

自筆原稿における「揺れ」

本講座第八巻『自筆原稿』においては、自筆原稿を分析対象として採りあげ、そこにみられるさまざまな事象について、分析、考察を試みた。稿者の描くモデルは標準的な言語形式の周囲を、なにほどか、なんらかの面で、非標準的な言語形式がとりまいているというものである。そして、なんらかの「条件」下において、その非標準的な言語形式が露出することがあり、それが「言語の揺れ」といわれる現象であると考える。自筆原稿は、そうした非標準的な言語形式が発露しやすい場ともいえよう。第八巻では、分析対象を自筆原稿に限ったが、そうした「非標準的な言語形式が発露しやすい場」は自筆原稿に限られるわけではない。

近代文学作品は作者自筆の原稿が新聞や雑誌に「初出」として印刷され、その「初出」をもとにして単行本＝「初版」がつくられ、場合によっては、印刷を重ねていくというプロセスを辿ることが多い。自筆原稿が「初出」として印刷されるにあたっては、「手書きのロジック」と「印刷のロジック」とがせめぎ合い、「印刷のロジック」によって、自筆原稿が選択していた言語形式が退けられるということが起こり得る。「自筆原稿が選択していた」と表現したが、それは選択していたというよりは、「手書きのロジック」そのものであるとみるべきかもしれない。結局、「印刷のロジック」といわば直面することによって、初めて「手書きのロジック」がはっきりとした姿をあらわすともいえる。そうした意味合いにおいて、自身の作品のほとんどを『朝日新聞』に発表していた夏目漱石は、早い時点において、「手書きのロジック」と「印刷のロジック」との異なりを意識し、自覚した人物の一人といってよいのではないか。この第五章においては、夏目漱石の『心』の自筆原稿及び『言海』の稿本を採りあげて、「言語の揺れ」について考えてみたい。

第一節　夏目漱石『心』の自筆原稿

『心』の自筆原稿全八八五枚は岩波書店に蔵されている。一九九三年にこの全原稿がオフセット四色刷りによって複製刊行された。ここではその複製を自筆原稿に準じるものとして使用している。漱石は訂正を施す時に、もともと書いた字をインクで丁寧に塗りつぶして、その旁らに訂正後の文字を書くことが少なくない。実際の自筆原稿であれば、原稿用紙の裏側から見るといった方法によって、訂正前の文字が判読できる場合もあろうが、複製はそれができない。しかし、塗りつぶしが完全でないために、複製であっても、訂正前の文字、すなわちもともと書いた文字が判読できる場合もある。また訂正は語句を追加するかたちで行なわれる場合も当然ある。こうした場合であれば、複製であっても、どのような語句が追加されたかはわかる。以下行論のために、引用する場合、所在は『漱石全集』第九巻（一九九四年、岩波書店刊）のページ、行によって示すこととする。

ここでは、そのことを正面からは論じないけれども、訂正はいわゆる「推敲」でもある。漱石がどうやって、自らの言語表現を整えていったか、どのような点を気にしていたかということも訂正からは窺うことができる場合がある。それは、まずはその訂正が施されている一文を単位として考えることであり、さらには当該の文の前後の文を視野に入れ、そうやって、徐々に視野に入れる言語単位を大きくしていって、最終的には作品＝テキスト全体を視野に入れて判断するということになろう。[註5] それは、本節の枠組みを大きく超えることになるので、稿を改めて考えてみたい。

「私は依然として先生に會《あ》ひに行つた」（二十二頁一行目）の「先生」はいったん「生生」と書かれてから上字

を塗りつぶして、旁らに「先」と書かれている。これはいわば「純然たる書き損ない」と思われるが、こういう箇所を訂正している場合もある。右は「先生の遺書」の八にあたるが、自筆原稿では「先生遺書（八）」とあって、この「（八）」では「の」が書かれていない。こういう箇所からは、どのような「純然たる書き損ない」が起こるかということがわかる。あるいは「先生の遺書（十）」の末尾近く、「先生はすぐ帰《かへ》るから留守でも私に待つてゐるやうにと云ひ残して行つた」（二十九頁十四行目）はいったん「……云ひ残して云つた」と書かれていることがわかる。これもいわば「純然たる書き損ない」といえよう。

あるいは「先生と遺書（三十一）」に「私の過去を訐《あば》いてもですか」（八十七頁十五行目）という行りがある。この「訐」字は「奸」字を抹消してその左側に書かれている。漱石は「アバク」にあてる漢字をいったんは取り違えたと思われる。これもいわば「純然たる書き損ない」といってよいが、この場合は漢字の構成要素が共通していることがこのような「取り違え」を引き起こしたと推測できる。「先生と遺書（六十七）」には「勉強」（一八六頁二行目）をいったん「強勉」と書いた箇所もある。

〔話と談話／切実と痛切／道徳的と倫理的〕

「先生の遺書（十一）」の冒頭近くに、「私は奥さんに對して何の窮屈も感じなかつた。差向《さしむか》ひで色々《いろ〳〵》の話をした。然しそれは特色のない唯《たゞ》の談話だから、今では丸で忘れて仕舞つた」（三十頁五行目）という行りがある。「談話」の「談」字は後から挿入されているので、いったんは「話」と書いていたことがわかる。まずこの漢字列「談話」はいかなる語を書いたものだろうか。漢語「ダンワ」の可能性はもちろんある。というよりも、現代日本語の感覚からいえば、「ダンワ」とみるしかない。しかし、明治期には「ハナシ」という和語に漢字列「談話」をあてることが少なくない。少なくないというよりは、多い。そうなると、「談話」が「ハナシ」

を書いたものという可能性がある。

漢字列「談話」が漢語「ダンワ」を書いたものだとすれば、先に「色々《いろ〳〵》の話をした」とあって、そこですでに「ハナシ」という語を使ったので、少し変化をつけるために、二度目は「ダンワ」という漢語を選択したという推測ができる。漢字列「談話」が「話」と等しく「ハナシ」という語を書いたものだとすれば、語の選択は変えないが、使う漢字列を変えることによって、いささかの変化をつけた、あるいは「ハナシ」だけれども、それは「談話」といってもよいようなものだった、ということを示そうとしたというようなことも考えられなくはない。結局はいずれにしても「推測」ということにとどまるが、後者の可能性を考えてみたい。「先生の遺書(十四)」の冒頭近くの「私には学校の講義よりも先生の談話の方が有益なのであつた」(三十八頁十五行目)の「談話」の「談」字も後から挿入されている。右に採りあげた例を含めて、『心』に使われた「談話」のすべてを掲げておく。振仮名は省いた。

1 それが尋常の談話でなくつて、どうも言逆ひらしかつた。(九・二十五頁七行目)
2 然しそれは特色のない唯の談話だから、今では丸で忘れて仕舞つた。(十一・三十頁五行目)
3 私には学校の講義よりも先生の談話の方が有益なのであつた。(十四・三十八頁十五行目)
4 私は先生が私のうちの財産を聞いたり、私の父の病気を尋ねたりするのを、普通の談話―胸に浮かんだ儘を其通り口にする、普通の談話と思つて聞いてゐた。(二十七・七十七頁三行目)
5 先生の談話は、此犬と小供のために、結末迄進行する事が出来なくなつたので、私はついに其要領を得ないでしまつた。(二十九・八十頁八行目)
6 其日の談話も遂にこれぎりで発展せずにしまつた。(三十一・八十六頁三行目)

7　先生の談話は時として不得要領に終つた。其日二人の間に起つた郊外の談話も、此不得要領の一例として私の胸の裏に残つた。（三十一・八十六頁十三行目）

8　其時分の私はKと大分考が違つてゐましたから、坊さんとKの談話にそれ程耳を傾ける気も起りませんでしたが、Kはしきりに日蓮の事を聞いてゐたやうです。（八十四・二三〇頁一四行目）

9　私は無論襖越にそんな談話を交換する気はなかつたのですが、Kの返答だけは即坐に得られる事と考へたのです。（九十二・二五二頁五行目）

現代日本語で使われている「ダンワ（談話）」は和語「ハナシ」と比して、何らかの漢語らしさをもっていると、稿者の内省では思われる。そうした現代日本語の「感覚」をあてはめると、5や6などは「ダンワ」では「固すぎる」ように思われ、「ハナシ」がふさわしいように思われる。しかし9のように「談話を交換する」というまとまりにおいては、「ハナシ」はふさわしくないように思われもする。結局、当然のことであるが、現代日本語に基づく内省には限界があり、明治期の日本語についてであっても、「語性」をつかむことはむずかしい。右の漢字列「談話」には振仮名が施されておらず、そのことからすれば、すべてが「ダンワ」である可能性がもちろんある。そうであれば、この時期の「ダンワ」の「語性」が現代日本語における「ダンワ」とは異なることを示していることになる。

「先生の遺書（十五）」に「自分と切り離《はな》された他人《たにん》の事実でなくつて、自分自身が痛切に味はつた事実、血が熱《あつ》くなつたり脉が止《と》まつたりする程の事実が、疊《たゝ》み込《こ》まれてゐるらしかつた」（四十二頁七行目）という行りがある。いったんは「切実」と書かれた後に、「実」字を塗りつぶして、「切」字の前に「痛」字が挿入されている。つまり、この箇所において、漱石は「セツジツ（切実）」という語を「ツウセツ（痛切）」という語に変えたことになる。変えた理由を忖度することは難しいが、わかることは、「セツジツ（切実）」という語と「ツウセツ（痛切）」という語はなにほどかの結びつきをもっていたということである。

「先生の遺書（三十二）」に「精神的に癇性《かんせう》といふ意味は、俗にいふ神経質といふ意味か、又は倫理的に潔癖だといふ意味か、私には解《わか》らなかつた」（九十頁十一行目）という行りがある。この「倫理的に」は「道徳的」を消してその右傍に書かれているので、漱石はいったん「道徳的」と書きかけて、語の選択を変えたことがわかる。例えば『〔和漢雅俗〕いろは辞典』においては、「リンリ（倫理）」は「（人倫の道理）、ひとのみち」と説明され、「ドウトク（道徳）」は「道義、（人の行ふ可き道を謂ふ）」と説明されている。「ひとのみち」と「人の行ふ可き道」とはきわめてちかい理解で、語義にはかなり重なり合いがあると思われる。あるいはまた、「先生の遺書（七十五）」には「私が心配して双方を融和するために手紙を書《か》いた時《とき》は、もう何《なん》の効果《きゝめ》もありませんでした」（二〇七頁七行目）という行りがあるが、この「融和」は「緩和」を訂正している。ここでも最初は漢語「カンワ（緩和）」を選択していたが、それを「ユウワ（融和）」に修正しており、両漢語に何程かの結びつきがあったことが窺われる。

〔ことばの調子〕

右では「調子」という表現を使ったが、文末表現を微調整している箇所や、語形を微調整している箇所がある。そのことによって、表現全体の「調子」は変わっていると思われるので、そのような箇所を幾つか採りあげてみる。

「先生の遺書（七）」に「先生」が「私は淋しい人間です」と語る、よく知られている行りがある。そこには

「「私は淋《さび》しい人間《にんげん》ですが、ことによると貴方《あなた》も淋しい人間《にんげん》ぢやないですか。私は淋《さび》しくつても年《とし》を取《と》つてゐるから、動《うご》かずにゐられるが、若いあなたは左右《さう》は行かないのでせう」（二十一頁三行目）とある。「淋《さび》しくつても」の箇所は、「つ」が挿入されており、いったんは「淋しくても」と書かれていたことがわかる。語としてみれば、「サビシクテモ」を「サビシクッテモ」と変えたことになる。いうまでもなく、後者の語形の方が「はなしことば」味を帯びており、そうした「微調整」が行なわれている。あるいは、この少し前に「何《なん》でと云つて、そんな特別な意味はありません。―然し御邪魔なんですか」（十九頁十五行目）という行りがある。「なん」は挿入されているので、いったんは「御邪魔ですか」と書いていたことがわかる。ここも「オジャマデスカ」を「オジャマナンデスカ」と変えることによって、「はなしことば」味をもたせているといえよう。

「先生の遺書（十九）」に「「先生がまだ大学にゐる時分、大変仲《なか》の好《い》い御友達が一人《ひとり》あつたのよ。其方《そのかた》が丁度卒業する少し前に死《し》んだんです。急《きう》に死んだんです」」（五十四頁十二行目）という行りがある。二度繰り返される「死《し》んだんです」はいったんは「死んだのです」と書かれていたことがわかる。続く箇所に「実は変死したんです」（五十四頁十三行目）という行りがあり、そこは訂正されていないことからすると、ここまで書いてから、前の二つの「死んだのです」を訂正したという可能性もあり、または、二つの「死んだのです」を「死んだんです」に訂正したから、それに合わせて「変死したんです」とした可能性もあるが、いずれにしても、「微調整」を行なっている。こうしたことは、作品の「よみ」には関わらないともいえるが、漱石が気配りをしていた点がわかるという意味合いにおいては興味深い。同じような「微調整」、ことばの調子に調整は多数みられる。その幾つかの例のうち、主に文末表現にかかわる例を挙げておく。傍線を附した箇所が挿入されている。いったん書かれていた文字を「下：」という形式で添えた。

1 私は單に好奇心の為に、並《なら》んで濱邊《はまべ》を下《お》りて行《ゆ》く二人《ふたり》の後姿《うしろすがた》を見守《みまも》つてゐた。（二・六頁十三行目）
（「つ」は衍字になっている）

2 私は此間の西洋人の事を聞いて見た。（三・十頁三行目）

3 ……日本人にさへあまり交際《つきあひ》を有たないのに、さういふ外国人《じん》と近付《ちかづき》になつたのは不思議だと云つたりした。（三・十頁五行目）（「人」には「ひと」と振仮名が施されていたが、「外国」を挿入したために、振仮名が変更されている）

4 奥さんは黙《だま》つてゐた。「何故《なぜ》です」と私が代りに聞いた時先生は「天罰だからさ」と云つて高く笑《わら》つた。（八・二十四頁七行目）

5 「君、今夜は何《ど》うかしてゐますね」と先生の方から云ひ出《だ》した。（九・二十六頁九行目）（下：る）

6 「若《わか》い時《とき》はあんな人《ひと》ぢやなかつたんですよ。」（十一・三十二頁八行目）

7 或は生きてゐられないかも知れませんよ。（十七・四十八頁十五行目）

8 「それだから困るのよ。あなたから左右《さう》云はれると實に辛《つら》いんですが、私には何《ど》う考へても、考へやうがないんですもの。」（十八・五十一頁四行目）

9 「先生がまだ大学にゐる時分、大変仲《なか》の好《い》い御友達が一人《ひとり》あつたのよ。」（十九・五十四頁十一行目）（下：んです）

10 「九月には出《で》て入《い》らつしやるんでせうね」（三十四・九十五頁六行目）

11 「是《これ》ばかりは本当に壽命《みよう》ですからね」（三十五・九十八頁十二行目）（下：よ）

12 先生は「私には親類はありませんよ」と答《こた》へた。（四十・一一三頁八行目）

13 「御父《とう》さんは本当に病気を怖《こわ》がつてるんですよ。御母《おかあ》さんの仰《おつ》しやるやうに、十年も二十年も生《い》きる

気《き》ぢやなささうですぜ」（四十・一一四頁十四行目）（下：いん・よ）

14 「そりや左右《さう》かも知れないけれども、又《また》ひよつとして、何《ど》んな好《い》い口《くち》がないとも限らないんだから、早く頼《たの》んで置くに越《こ》した事《こと》はないよ」（四十三・一二二頁十五行目）

15 「そりや僅《わづか》の間《あひだ》の事《こと》だらうから、何《ど》うにか都合してやらう。」（四十四・一二四頁五行目）

16 「元来学校を出た以上、出《で》たあくる日《ひ》から他《ひと》の世話になんぞなるものぢやないんだから。」（四十四・一二四頁七行目）

17 父は又私を引《ひ》き留《と》めた。「御前《まへ》が東京へ行くと宅《うち》は又淋《さみ》しくなるね。何《なに》しろ己《おれ》と御母《おかあ》さん丈なんだからね。そのおれも身体《からだ》さへ達者なら好《い》いが、この様子《やうす》ぢや何時《いつ》急に何《ど》んな事《こと》がないとも云へないよ」（四十四・一二五頁二行目）（「ね」は挿入後抹消）

18 「そりや慥《たしか》です。私はさつき二十分許《ばかり》枕元《まくらもと》に坐《すは》つて色々《いろ〳〵》話《はな》して見たが、調子の狂《くる》つた所《ところ》は少《すこ》しもないです。あの様子ぢやことによると未《ま》だ中々《なか〳〵》持つかも知れませんよ」（四十八・一三五頁八行目）

19 其癖《くせ》あなたが東京にゐる頃《ころ》には、難症だからよく注意しなくつては不可《いけな》いと、あれ程忠告したのは私ですのに。（五十五・一五五頁七行目）（下：注意・も）

20 先生は「私には親類はありませんよ」と答《こた》へた。（四十・一一三頁八行目）

21 「そりや左右《さう》かも知れないけれども、又《また》ひよつとして、何《ど》んな好い口《くち》がないとも限《かぎ》らないんだから、早く頼《たの》んで置くに越《こ》した事《こと》はないよ」（四十三・一二二頁十四行目）

22 Kは其《その》勢で小石川迄歩《ある》いて帰らうと云ふのです。（八十五・二三四頁一行目）（下：ひま）

23 隣《となり》の室《へや》にゐるKも一向音《おと》を立《た》てませんでした。（八十九・二四三頁十一行目）

24 Kの唇《くちびる》は例のやうに少し顫《ふる》へてゐました。（九十二・二五〇頁一五行目）

25 心得てゐながら、変にいら〳〵し出《だ》すのです。（九十三・二五二頁十四行目）（下：した）

26 私はKの動《うご》かない様子を見《み》て、それにさま〴〵の意味を付《つ》け加へました。（九十三・二五三頁十行目）（下：す）

27 無論策略からですが、其態度に相應する位な緊張した気分もあつたのですから、自分に滑稽だの羞恥《しうち》だのを感《かん》ずるやうな餘裕はありませんでした。

28 私は其言葉《ことば》の中《なか》に、禁慾といふ意味も籠《こも》つてゐるのだらうと解釈してゐました。（九十五・二五八頁十四行目）

29 私はまたぐる〳〵廻《まは》り始《はじ》めるのです。（一〇三・二八〇頁一行目）（下：ま）

30 私はそれから彼の実家へ電報を打《う》ちに出《で》たのです。（一〇四・二八二頁十一行目）（下：ました）

31 —妻《さい》が、何《なに》を思《おも》ひ出《だ》したのか、二人《ふたり》でKの墓参《はかまいり》をしやうと云ひ出《だ》しました。（一〇五・二八五頁十五行目）（下：たのです）

10において「注意」が「忠告」に換えられているのは、「難症だからよく注意しなくつては不可《いけな》い」の箇所で、すでに「注意」を使っているので、隣接箇所で同じ語を使うことを避けたためと思われる。ところで、原稿をみていると、副助詞が追加されている箇所、接続助詞が追加されている箇所が少なからずあることに気づく。次にはそうした箇所を挙げてみることにする。

【副助詞の追加・変更】

1 授業が始まつて、一ヶ月ばかりすると私の心に、又一種の弛《たる》みが出来てきた。（四・十二頁三行目）（バカ

リ）

2 奥さんの語気には非常に同情があつた。それでも口元《くちもと》丈には微笑が見えた。（十一・三十二頁五行目）（ダケ）

3 下女丈は假寐《うたゝね》でもしてゐたと見《み》えて、ついに出《で》て来《こ》なかつた。（二十・五十六頁四行目）（ダケ）

4 私にはたゞ年《とし》が改まつたら大いに遣《や》らうといふ決心丈があつた。（二十五・六十九頁八行目）（ダケ）

5 「カラやカフスと同《おな》じ事《こと》さ。汚《よご》れたのを用ひる位なら、一層《いつそ》始から色《いろ》の着《つ》いたものを使ふが好《い》い。白《しろ》ければ純白《じゆんぱく》でなくつちや」（三十二・九十頁四行目）（クライ）

6 用のない奥さんには、手製のアイスクリームを客《きやく》に振舞《ふるま》ふだけの餘裕があると見えた。（三十三・九十二頁九行目）（ダケ）

7 母《はゝ》は父《ちゝ》が庭《には》へ出《で》たり背戸《せど》へ下《お》りたりする元気を見《み》てゐる間《あひだ》丈は平気でゐる癖《くせ》に、斯《こ》んな事《こと》が起《おこ》るとまた必要以上に心配したり気を揉《も》んだりした。（四十五・一二七頁五行目）（ダケ）

8 偶《たま》には書物を開《あ》けて十頁《ページ》もつゞけざまに讀む時間《じかん》さへ出て来《き》た。（四十七・一三一頁一行目）（サヘ）

9 潔癖な父《ちゝ》は、最初の間《あひだ》こそ甚しくそれを忌《い》み嫌《きら》つたが、身体《からだ》が利《き》かないので、已を得ずいや〳〵床《とこ》の上《うへ》で用を足《た》した。（四十九・一三八頁八行目）（コソ）

10 父《ちゝ》は時々《とき〴〵》眼《め》を開《あ》けて、誰《だれ》は何《ど》うしたなどと突《とつ》然聞《き》いた。（五十二・一四七頁三行目）（ナド）

11 私は寧《むし》ろ苦々《にが〳〵》しい気分で、遠くにいる貴方《あなた》に斯《こ》んな一瞥《べつ》を與へた丈でした。（五十五・一五四頁十行目）（下：ま）（ダケ）

12 私はあなたに對《たい》して此厭《いや》な心持《こゝろもち》を避《さ》けるためにでも、擱《お》いた筆を又取《と》り上《あ》げなければならないのです。（五十六・一五六頁十四行目）（デモ）

13 早く嫁《よめ》を貰《もら》つて此所《こゝ》の家《いへ》へ帰《かへ》つて来《き》て、亡《な》くなつた父《ちゝ》の後《あと》を相続しろと云ふ丈なのです。（五十九・一六六頁一行目）（ダケ）

14 然し実際を云ふと、夫程熱心に書物を研究＊してはゐなかつたのです。（六十七・一八六頁三行目）（ハ）（＊の位置に一字抹消されており、はっきりとしないが「は」のようにみえる。そうだとすると、当初は「研究はしてゐなかつた」であったことになり、単純な副助詞の追加ではないことになるが、ひとまずここに掲げておく）

15 もし愛《あい》といふ不可思議なものに両端《はじ》があつて、其高《たか》い端《はじ》には神聖《しんせい》な感《かん》じが働《はたら》いて、低《ひく》い端《はじ》には性欲が動《うご》いてゐるとすれば、私の愛はたしかに其高《たか》い極点を捕《つら》まへたものです。（六十八・一八八頁十五行目）（ハ）

16 奥さんの私に對する矛盾した態度が、どつちも偽《いつは》りではないのだらうと考へ直《なほ》して来たのです。（六十八・一八九頁七行目）（ハ）（「のだらうと考へ直《なほ》して来たの」の下は「といふ事なの」とある。）

17 私は成るべく奥さんの方《はう》の話《はなし》だけを聞《き》かうと力《つと》めました。（六十九・一九〇頁十二行目）（ダケ）

18 奥さんの眼《め》は充分私にさう思はせる丈の意味を有つてゐたのです。（七十二・一九七頁十四行目）（「たのです」の下は「ました」）（「丈」は「程」を抹消して書かれているので、ここでは「ホド」から「ダケ」に副助詞が変更されたことになる）

19 是程人《ひと》の有難《ありがた》がる書物なら讀《よ》んで見《み》るのが当り前《まへ》だらうとも云ひました。（七十四・二〇四頁一行目）（モ）

20 兎に角大学へ入《はい》つて迄《まで》も養父母を欺《あざむ》むき通す気はなかつたらしいのです。（七十四・二〇五頁五行目）（モ）

21 今迄も行掛り上《じやう》、Kに同情してゐた私は、それ以後は理否を度外に置いてもKの味方《みかた》をする気になりました。（七十五・二〇七頁九行目）（ハ・モ）

22 それから自分の未来に横《よこた》はる光明が、次第に彼《かれ》の眼《め》を遠退《とほの》いて行くやうにも思つて、いら〳〵するのです。（七十六・二〇九頁十一行目）（モ）

23 大抵は書物の話《はなし》と学問の話と、未来の事業と、抱負と、修養の話《はなし》位で持ち切《き》つてゐたのです。（八十三・二二七頁六行目）（クライ）

24 何処《どこ》か間《ま》が抜《ぬ》けてゐて、それで何処《どこ》かに確《しつ》かりした男らしい所のある点も、私よりは優勢に見《み》えました。（八十三・二二八頁七行目）（「は」の下には「も」とあるので、副助詞を変更したことになる）（モ↓ハ）

25 私にはさうして歩《ある》いてゐる意味が丸で解《わか》らなかつた位です。（八十三・二二八頁十四行目）（「位」は「の」を抹消して書かれている）（ノ↓クライ）

26 實を云ふと、私がそんな言葉を創造したのも、御嬢さんに對する私の感情が土台になつてゐたのですから、事実を蒸溜《りう》して拵らえた理論などをKの耳に吹《ふ》き込《こ》むよりも、原《もと》の形《かたち》そのまゝを彼の眼《め》の前に露出した方《はう》が、私にはたしかに利益だつたでせう。（八十五・二三三頁五行目）（ナド）

27 場合によつては却つて不快の念さへ起しかねたらうと思ふのですが、御嬢さんの所作は其点で甚だ要領を得てゐたから、私は嬉《うれ》しかつたのです。（八十六・二三四頁十四行目）（下：おそらく「を」）（サヘ）「起しかねたらう」と書かれているが、正姿は「起しかねなかつたらう」と思われる。

28 ある時は御嬢さんがわざ〳〵私の室《へや》へ来《く》るのを回避《ひ》して、Kの方ばかりへ行くやうに思はれる事《こと》さへあつた位です。（八十六・二三六頁十四行目）（「位」は一字抹消して書かれているが、複製では判読不能）（クライ）

29 私も冷《つめ》たい手《て》を早く赤い炭の上《うへ》に翳《かざ》さうと思つて、急いで自分の室《へや》の仕切《しきり》を開《あ》けました。（八十七・二三七頁五行目）（下：は）（ハ→モ）

30 足《あし》の方《はう》にばかり気を取《と》られてゐた私は、彼と向《む》き合《あ》ふ迄、彼の存在に丸《まる》で気が付かずにゐたのです。（八十七・二三八頁十行目）（バカリ）

31 往来で會《あ》つた時挨拶をする位のものは多少ありましたが、それ等だつて決して歌留多などを取《と》る柄《がら》ではなかつたのです。（八十九・二四二頁十二行目）（「だつて」の下には「は」と書かれている）（クライ）

32 奥さんはそれぢや私の知《し》つたものでも呼《よ》んで来《き》たら何《ど》うかと云ひ直しましたが、私も生憎そんな陽気な遊《あそ》びをする心持《こころもち》になれないので、好《い》い加減な生返事《なまへんじ》をしたなり、打《う》ち遣《や》つて置《お》きました。（八十九・二四二頁十三行目）（デモ）（「でも」の下には「を」が書かれていると思われる。「も」の下にはおそらく「は」が書かれている）

33 たゞ何事《なにごと》も云へなかつたのです。又云ふ気にもならなかつたのです。（九十・二四七頁三行目）（モ）

34 不断も斯《こ》んな風《ふう》に御互《たがひ》が仕切《しきり》一枚を間《あひだ》に置《お》いて黙《だま》り合《あ》つてゐる場合《ばあひ》は始終あつたのですが、私はKが静《しづか》であればある程《ほど》、彼の存在を忘れるのが普通の状態だつたのですから、其時《とき》の私は餘程調子が狂《くる》つてゐたものと見なければなりません。（九十一・二四八頁八行目）（下：「は」）（ハ→モ）

35 同時に私は黙《だま》つて家《うち》のものゝ様子を観察して見ました。然し奥さんの態度にも御嬢さんの素振にも、別に平生と変《かは》つた点《てん》はありませんでした。（九十三・二五三頁一行目）（下：も）（モ→ハ）

36 斯《か》うと信じたら一人《ひとり》でどん〳〵進んで行く丈の度胸もあり勇気もある男なのです。（九十四・二五六頁十四行目）

37 Kが理想と現実の間《あひだ》に彷徨してふら〳〵してゐるのを發見した私は、たゞ一打《ひとうち》で彼を倒す事《こと》が出来《でき》

るだらうといふ点にばかり眼《め》を着《つ》けました。（九十五・二五八頁四行目）（バカリ）

38 私が斯《か》う云つた時《とき》、脊《せい》の高《たか》い彼《かれ》は自然と私の前《まへ》に萎縮して小《ちい》さくなるやうな感じがしました。（九十六・二六一頁十一行目）（下：が）（ガ↓ハ）

39 急いだためでもありませうが、我々は帰《かへ》り路には殆んど口《くち》を聞《き》きませんでした。（九十六・九行目）

40 彼の此事件に就《つ》いてのみ優柔な訳《わけ》も私にはちちゃんと呑《の》み込めてゐたのです。（「優柔」の下には「不断」とある）（ノミ）

41 食物《たべもの》は枕元《まくらもと》へ運《はこ》んでやるから、もつと寐《ね》てゐたら可《よ》からうと忠告しても呉《く》れました。（九十八・二六七頁四行目）（モ）

42 本人の意嚮さへたしかめるに及ばないと明言しました。（九十九・二六九頁十行目）（下：を）（サエ）

43 また或時《あるとき》は、もうあの話が済《す》んだ頃《ころ》だとも思ひました。（一〇〇・二七一頁七行目）（モ）

44 多少機嫌のよかつた奥さんも、とう〱私の恐れを抱《いだ》いてゐる点までは話《はなし》を進《すゝ》めずに仕舞《しま》ひました。（一〇〇・二七三頁三行目）（ハ）

45 固《もと》より世間体《せけんてい》の上《うへ》丈で助かつたのですが、其世間体《せけんてい》が此場合、私にとつては非常な重大事件に見《み》えたのです。（一〇二・二七八頁三行目）（ダケ）

46 必要な事《こと》はみんな一口《ひとくち》づゝ書いてある中《なか》に御嬢さんの名前丈は何處《どこ》にも見えませんでした。（一〇二・二七八頁十行目）（ダケ）

47 もし私が亡友に對すると同じやうな善良な心で、妻の前《まへ》に懺悔の言葉《ことば》を並《なら》べたなら、妻は嬉《うれ》し涙《なみだ》をこぼしても私の罪《つみ》を許《ゆる》してくれたに違《ちがひ》ないのです。（一〇六・二八八頁二行目）（モ）

48 たゞ當人を愛してゐたから許《ばかり》ではありません。（一〇八・二九三頁二行目）（バカリ）

〔接続詞の追加・削除・変更〕

1 私は單に好奇心の為に、並《なら》んで濱邊《はまべ》を下《お》りて行《ゆ》く二人《ふたり》の後姿《うしろすがた》を見守《みまも》つてゐた。すると彼等は真直《まつすぐ》に波《なみ》の中に足《あし》を踏《ふ》み込《こ》んだ。さうして遠浅《とほあさ》の磯近《いそぢか》くにわい〳〵騒いでゐる多人数《たにんず》の間《あひだ》を通り抜《ぬ》けて、比較的廣々《ひろ〴〵》した所へ来《く》ると二人《ふたり》とも泳ぎ出《だ》した。（二・六頁十三行目）（スルト・ソウシテ）

2 「私は淋しい人間《にんげん》です」と先生が云つた。だから貴方《あなた》の来《き》て下《くだ》さる事《こと》を喜《よろ》こんでゐます。だから何故《なぜ》さう度々《たび〳〵》来るのかと云つて聞《き》いたのです」（七・二十頁六行目）（ダカラ）

3 私の頭《あたま》の上《うへ》に正体の知れない恐《おそ》ろしいものを蔽ひ被《かぶ》せた。さうして何故《なぜ》それが恐ろしいか私にも解《わか》らなかつた。（十五・四十二頁十行目）（ソウシテ）

4 「それは別問題ですわ」「それでも矢張《やつぱ》り先生から嫌《きら》はれてゐると仰やるんですか」（十七・四十九頁六行目）（ソレデモ削除）

5 二人《ふたり》は又奥の方《はう》へ進《す》んだ。然しそこにも人影《ひとかげ》は見《み》えなかつた。（二十六・七十三頁十三行目）（シカシ）

6 私は先生が私のうちの財産を聞《き》いたり、私の父《ちゝ》の病気を尋ねたりするのを、普通の談話―胸に浮《う》かんだ儘《まゝ》を其通り口《くち》にする、普通の談話と思つて聞いてゐた。所が先生の言葉《ことば》の底《そこ》には両方を結び付ける大きな意味があつた。（二十七・七十七頁四行目）（トコロガ）

7 私は此追窮に苦《くる》しんだ。然し先生は私に返事を考へさせる餘裕さへ與へなかつた。（二十八・七十八頁十三行目）（シカシ）

8 私の論文は自分が評價してゐた程に、教授の眼《め》にはよく見えなかつたらしい。それでも私は豫定通り及第した。（三十二・八十九頁三行目）（ソレデモ）

9 私は寐ながら自分の過去を顧《かへり》みた。又自分の未来を想像した。すると其間《あひだ》に立つて一区切《ひとくぎり》を付けて

ゐる此卒業証書なるものが、意味のあるやうな、又意味のないやうな変な紙に思はれた。（三十二・八十九頁十一行目）（スルト）

10 父《ちゝ》は平気なうちに自分の死を覚悟してゐたものと見える。しかも私の卒業する前に死ぬだらうと思ひ定《さだ》めてゐたと見える。（三十七・一〇五頁十五行目）（シカモ）

11 たゞ父《ちゝ》の病《やまひ》の性質に就いて、私の知る限《かぎ》りを教へるやうに話《はな》して聞かせた。然し其大部分は先生と先生の奥さんから得た材料に過《す》ぎなかつた。（三十八・一〇七頁十三行目）（シカシ）

12 まして自分のために彼等が来るとなると、私の苦痛は一層甚しいやうに想像された。然し私は父《ちゝ》や母《はゝ》の手前、あんな野鄙な人《ひと》を集めて騒ぐのは止《よ》せとも云ひかねた。（三十九・一一〇頁三行目）（シカシ）

13 私は裸体《はだか》の儘《まゝ》母《はゝ》に後《うしろ》から抱《だ》かれてゐる父《ちゝ》を見《み》た。それでも座敷へ伴《つ》れて戻《もど》つた時《とき》、父《ちゝ》はもう大丈夫だと云つた。（四十五・一二六頁十行目）（ソレデモ）

14 母《はゝ》はさう云ふ言葉《ことば》の前《まへ》に屹度涙《きつとなみだ》ぐんだ。さうして後《あと》では又《また》屹度丈夫であつた昔《むかし》の父《ちゝ》を其對照として想ひ出すらしかつた。（五十二・一四六頁四行目）（ソウシテ）

15 私は今《いま》にも変《へん》がありさうな病室を退《しりぞ》いて又先生の手紙を讀まうとした。然し私はすこしも寛《ゆつ》くりした気分になれなかつた。（五十四・一五一頁八行目）（シカシ）

16 私は暗《くら》い人世の影《かげ》を遠慮なくあなたの頭《あたま》の上《うへ》に投げかけて上《あげ》ます。然し恐れては不可《いけま》せん。（五十六・一五七頁八行目）（シカシ）

17 それでゐて私は少しの不足も感じませんでした。のみならず数《かず》ある同級生のうちで、経済の点にかけては、決して人《ひと》を羨《うらや》ましがる憐《あは》れな境遇にゐた訳《わけ》ではないのです。（五十八・一六二頁三行目）（ノミナラズ）

18 厭《いや》なものは断《ことわ》る、断《ことわ》つてさへしまへば後《あと》には何《なに》も残《のこ》らない、私は斯《こ》う信じてゐたのです。だから伯父の希望通《どほ》りに意志を曲《ま》げなかつたにも関《かゝは》らず、私は寧ろ平気でした。（六十一・一六九頁七行目）（ダカラ）

19 二日家《ふつかうち》へ帰《かへ》ると三日《みつか》は市《し》の方《はう》で暮《く》らすといつた風《ふう》に、両方の間《あひだ》を往来《ゆきき》して、其日其日《そのひそのひ》を落付《おちつき》のない顔《かほ》で過《す》ごしてゐました。さうして忙《いそ》がしいといふ言葉《ことば》を口癖《くちくせ》のやうに使《つか》ひました。（六十二・一七一頁十一行目）（ソウシテ）

20 けれどもそんな家族のうちに、私のやうなものが、突然行つた処《ところ》で、素性の知れない書生さんといふ名称のもとに、すぐ拒絶されはしまいかといふ掛念もありました。然し私は止《よ》さうかとも考へました。（六十四・一七八頁八行目）（シカシ抹消）

21 後《あと》から聞《き》いて始《はじ》めて此花《このはな》が私に對《たい》する御馳走に活《い》けられたのだといふ事《こと》を知つた時《とき》、私は心《こゝろ》のうちで苦笑しました。尤《もつと》も琴《こと》は前《まへ》から其所《そこ》にあつたのですから、是は置《お》き所《どころ》がないため、已を得ず其儘に立《た》て懸《か》けてあつたのでせう。（六十五・一八〇頁六行目）（モットモ）

22 私はそれ迄未亡人の風采や態度《ど》から推して、此御嬢さんの凡てを想像してゐたのです。然し其想像は御嬢さんに取《と》つてあまり有利なものではありませんでした。（六十五・一八〇頁十二行目）（シカシ）（「たのです」の下は「ました」）

23 気が付《つ》かなかつたのか、遠慮してゐたのか、どつちだかよく解《わか》りませんが、何《なに》しろ其所《そこ》には丸《まる》で注意を拂《はら》つてゐないらしく見えました。それのみならず、ある場合《ばあひ》に私を鷹揚な方《かた》だと云つて、さも尊敬したらしい口《くち》の利《き》き方《かた》をした事《こと》があります。（六十六・一八三頁十四行目）（ソレ）ノミナラズ）

24 其時《とき》正直な私は少し顔を赤《あか》らめて、向ふの言葉を否定しました。すると奥さんは「あなたは自分で気

が付かないから、左右御仰《さうおつしや》るんです」と真面目《まじめ》に説明して呉《く》れました。（六十六・一八四頁一行目）（スルト）

25 さういふ時《とき》には、私の心が妙に不安に冒されて来《く》るのです。さうして若い女とたゞ差向《さしむか》ひで坐《すは》つてゐるのが不安なのだとばかりは思へませんでした。（六十七・一八六頁十三行目）（ソウシテ）

26 自分で自分を裏切《うらぎ》るやうな不自然な態度《たいど》が私を苦《くる》しめるのです。然し相手の方《はう》は却つて平気でした。（六十七・一八六頁十五行目）（シカシ）（「相手」の下は「女」と思われる）

27 私は奥さんの此態度の何方《どつち》かが本当で、何方《どつち》かが偽《いつはり》だらうと推定しました。さうして判断に迷《まよ》ひました。（六十八・一八八頁五行目）（ソウシテ）（「さうして」の下には「私は」とあり、もともとは接続詞がなかったことがわかる。）

28 だから何《なに》を話《はな》してゐるのか丸で分《わか》らないのです。さうして分《わか》らなければ分《わか》らない程、私の神経に一種の昂奮を與へるのです。（七十・一九三頁九行目）（ソウシテ）

29 Kは自分の望《のぞ》むやうな口《くち》を程《ほど》なく探《さが》し出《だ》しました。然し時間《じかん》を惜む彼《かれ》にとつて、此仕事《ごと》が何《ど》の位辛《つら》かつたかは想像する迄《まで》もない事《こと》です。（七十五・二〇六頁十二行目）（シカシ）

30 彼等《かれら》はみんな一つ腹《はら》から生《うま》れた姉弟《きやうだい》ですけれども、此姉とKの間《あひだ》には大分年歯《とし》の差があつたのです。それでKの小供の時分には、継母《まゝはゝ》よりも此姉の方《はう》が、却つて本当の母《はゝ》らしく見えたのでせう。（七十六・十一行目）（ソレデ）

31 時《とき》によると、自分丈が世《よ》の中《なか》の不幸を一人《ひとり》で背負《しよ》つて立《た》つてゐるやうな事《こと》を云ひます。そうして夫《それ》を打ち消《け》せばすぐ激《げき》するのです。（七十六・二〇九頁十行目）

32 彼はそれ程独立心の強い男でした。だから私は彼を私の宅《うち》へ置《お》いて、二人前《ふたりまへ》の食料を彼の知らない間《ま》

33 にそつと奥さんの手に渡さうとしたのです。(七十七・二二二頁一行目)(ダカラ)

一歩進《すゝ》んで、より孤独な境遇に突き落すのは猶厭《いや》でした。それで私は彼が宅《うち》へ引き移つてからも、當分の間《あひだ》は批評がましい批評を彼の上《うへ》に加へずにゐました。(七十八・二二六頁一行目)

34 下女も奥さんと一所に出《で》たのでした。だから家《うち》に殘《のこ》つてゐるのは、Kと御嬢さん丈だつたのです。(八十・二二〇頁二行目)(ダカラ)

35 若い女に共通な点だと云へばそれ迄かも知れませんが、御嬢さんも下《くだ》らない事《こと》に能《よ》く笑ひたがる女でした。然し御嬢さんは私の顔色《かほいろ》を見て、すぐ不断《ふだん》の表情に帰《かへ》りました。(八十・二二〇頁七行目)(シカシ)

36 それをつい黙《だま》つて自分《じぶん》の居間《ゐま》迄来《き》て仕舞つたのです。だからKも何時《いつ》ものやうに、今帰《かへ》つたかと声を掛ける事《こと》が出来なくなりました。(八十一・二二二頁十一行目)(ダカラ)

37 私が避暑地へ行つて涼《すゞ》しい所《ところ》で勉強した方《はう》が、身体《からだ》の為《ため》だと主張すると、それから私一人《ひとり》行《い》つたら可《よ》からうと云ふのです。然し私はK一人《ひとり》を此所《こゝ》に殘《のこ》して行く気《き》にはなれないのです。(八十一・二二三頁十一行目)(シカシ)

38 拳《こぶし》のやうな大きな石《いし》が打ち寄せる波《なみ》に揉《も》まれて、始終ごろ〳〵してゐるのです。私はすぐ厭《いや》になりました。然しKは好《い》いとも悪《わる》いとも云ひません。(八十二・二二四頁八行目)(シカシ)

39 詫《わ》びながら自分が非常に下等な人間《にんげん》のやうに見えて、急に厭《いや》な心持《こころもち》になるのです。然し少時《しばらく》すると、以前の疑《うたがひ》が又逆戻《ぎやくもど》りをして、強く打ち返《かへ》して来《き》ます。(八十三・二二八頁三行目)(「然し少時《しばらく》すると」は「すると」を抹消して右傍に書かれている)

40 私は冗談半分Kにさう云ひました。するとKは足《あし》があるから歩《ある》くのだと答へました。(八十三・二二八頁十五行目)(スルト)

41 二人《ふたり》は異人種《しゅ》のやうな顔《かほ》をして、忙《いそ》がしさうに見える東京をぐる〳〵眺めました。それから両国《ごく》へ来《き》て、暑《あつ》いのに軍鶏《しやも》を食《く》ひました。（八十五・二三三頁十五行目）（ソレカラ）

42 奥さんは黙《だま》つて室《へや》の真中《まんなか》に立《た》つてゐる私を見《み》て、気《き》の毒《どく》さうに外套を脱《ぬ》がせて呉《く》れたり、日本服を着《き》せて呉《く》れたりしました。それから私が寒《さむ》いといふのを聞《き》いて、すぐ次《つぎ》の間《ま》からKの火鉢を持《も》つて来《き》て呉れました。（八十七・二三七頁九行目）（ソレカラ）

43 然し食事《しよくじ》の時《とき》、又御嬢さんに向つて、同じ問《とひ》を掛《か》けたくなりました。すると御嬢さんは私の嫌《きらひ》な例の笑《わら》ひ方《かた》をするのです。（八十八・二三九頁十五行目）（スルト）

44 奥さんに御嬢さんを呉《く》れろと明白な談判を開《ひら》かうかと考へたのです。然しさう決心しながら、一《いち》日《にち》〳〵と私は断行の日を延《の》ばして行《い》つたのです。（八十八・二四一頁一行目）（シカシ）

45 私は矢張り軍人《ぐんじん》の細君だと教へて遣《や》りました。すると女の年始は大抵十五日過《すぎ》だのに、何故《なぜ》そんなに早く出掛《でか》けたのだらうと質問するのです。（八十九・二四四頁十行目）（スルト）

46 其時《とき》彼《かれ》は突然《とつぜん》黙《だま》りました。然し私は彼《かれ》の結《むす》んだ口元《くちもと》の肉《にく》が顫《ふる》へるやうに動《うご》いてゐるのを注視《し》しました。（九十・二四五頁四行目）（シカシ）

47 たゞ何事《なにごと》も云へなかつたのです。又云ふ気にもならなかつたのです。（九十・二四七頁三行目）（マタ）

48 私は午前《ごぜん》に失《うし》なつたものを、今度は取り戻《もど》さうといふ下心《したごころ》を持《も》つてゐました。それで時々《ときどき》眼《め》を上《あ》げて、襖《ふすま》を眺《なが》めました。（九十一・二四八頁五行目）（ソレデ）

49 やがて洋燈《ランプ》をふつと吹き消《け》す音《おと》がして、家中《うちぢう》が真暗《まつくら》なうちに、しんと静《しづ》まりました。然し私の眼《め》は其暗《くら》いなかで愈《いよ〳〵》冴《さ》えて来《く》るばかりです。（九十二・二五二頁二行目）（シカシ）

50 同時に私は黙《だま》つて家《うち》のもの、様子を観察して見ました。然し奥さんの態度にも御嬢さんの素振にも、

51 別に平生と変《かは》つた点《てん》はありませんでした。（九十三・二五三頁一行目）（シカシ）
奥さんと御嬢さんの言語動作を観察《さ》して、二人《ふたり》の心《こゝろ》が果《はた》して其所《そこ》に現《あら》はれてゐる通《とほり》なのだらうかと
疑《うたが》つても見《み》ました。さうして人間《にんげん》の胸《むね》の中《なか》に装置《ち》された複雑な器械が、時計《とけい》の針《はり》のやうに、明瞭に
偽《いつは》りなく盤上の数字を指《さ》し得るものだらうかと考へました。（九十三・二五三頁十一行目）（ソウシテ）

52 私の是《これ》から取《と》るべき態度は、此問《とひ》に對する彼の答《こたへ》次第で極《き》めなければならないと、私は思つたのです。
すると彼《かれ》は外《ほか》の人《ひと》にはまだ誰《だれ》にも打ち明《あ》けてゐないと明言しました。（九十三・二五四頁五行目）（スル
ト）

53 私はそれがために却つて彼を信《しん》じ出《だ》した位です。だからいくら疑ひ深《ぶか》い私でも、明白な彼の答《こたへ》を腹《はら》
の中《なか》で否定する気は起《おこ》りやうがなかつたのです。（九十三・二五四頁十行目）（ダカラ）

54 さうして退《しり》ぞかうと思へば退《しり》ぞけるのかと彼《かれ》に聞《き》きました。すると彼《かれ》の言葉が其所《そこ》で不意に行き詰《つま》り
ました。（九十四・二五七頁六行目）（スルト）

55 Kが理想と現実の間《あひだ》に彷徨してふら〳〵してゐるのを發見した私は、たゞ一打《ひとうち》で彼を倒す事《こと》が出来《でき》
るだらうといふ点にばかり眼《め》を着《つ》けました。さうしてすぐ彼の虚《きよ》に付《つ》け込《こ》んだのです。（九十五・二五
八頁四行目）（ソウシテ）

56 私は彼《かれ》の使《つか》つた通《とほ》りを、彼と同じやうな口《く》調で、再《ふたゝ》び彼《かれ》に投《な》げ返《かへ》したのです。然し決して復讐ではあ
りません。（九十五・二五八頁九行目）（シカシ）

57 彼の調子は独言《ひとりごと》のやうでした。又夢《ゆめ》の中の言葉のやうでした。（九十六・二六二頁一行目）（マタ）

58 私は程なく穏《おだ》やかな眠《ねむり》に落《お》ちました。然し突然私の名を呼ぶ声《こえ》で眼《め》を覚《さ》ましました。（九十七・二六
四頁三行目）（シカシ）

59　今朝《けさ》から昨夕《ゆふべ》の事《こと》が気《き》に掛《かか》つてゐる私は、途中《とちう》でまたKを追窮しました。けれどもKはやはり私を満足させるやうな答《こたへ》をしません。（九十七・二六五頁四行目）（ケレドモ）

60　洋燈《らんぷ》が暗《くら》く点《とも》つてゐるのです。それで床《とこ》も敷《し》いてあるのです。（一〇二・二七七頁二行目）（ソレデ）

61　私はおいと云つて声《こえ》を掛《か》けました。然し何《なん》の答もありません。（一〇二・二七七頁五行目）（シカシ）

62　もう取《と》り返《かへ》しが付《つ》かないといふ黒《くろ》い光《ひかり》が、私の未来を貫《つら》ぬいて、一瞬間に私の前に横《よこた》はる全生涯を物凄《ものすご》く照《て》らしました。さうして私は實際がた〳〵顫《ふる》へ出《だ》したのです。（一〇二・二七七頁十二行目）（ソウシテ）

63　私はKの死顔《しにがほ》が一目《ひとめ》見《み》たかつたのです。然し俯伏《うつぶし》になつてゐる彼《かれ》の顔《かほ》を、斯《か》うして下《した》から覗《のぞ》き込んだ時《とき》、私はすぐ其手を放《はな》してしまひました。（一〇三・二七九頁四行目）（シカシ）

64　下女は其関係で六時頃に起《お》きる訳《わけ》になつてゐました。然し其日私が下女を起《おこ》しに行《い》つたのはまだ六時前《まへ》でした。（一〇三・二八〇頁七行目）（シカシ）

65　私は室《へや》へ這入《はい》るや否や、今迄開《あ》いてゐた仕切《しき》の襖《ふすま》をすぐ立《た》て切《き》りました。さうして奥《おく》さんに飛《と》んだ事《こと》が出来《でき》たと小聲《こごえ》で告《つ》げました。（一〇三・二八〇頁十一行目）（ソウシテ）

66　私は奥さんと向《むか》ひ合《あ》ふ迄、そんな言葉《ことば》を口《くち》にする気は丸《まる》でなかつたのです。然し奥さんの顔を見た時不意に我《われ》とも知らず左右《さう》云つて仕舞つたのです。（一〇三・二八一頁二行目）（シカシ）

67　Kには其所《そこ》が大変気に入《い》つてゐたのです。それで私は笑談半分に、そんなに好《すき》なら死《し》んだら此所《ここ》へ埋《う》めて遣《や》らうと約束した覚《おぼえ》があるのです。（一〇四・二八三頁十三行目）（ソレデ）

68　私は何方《どつち》にしても自分が不愉快で堪《たま》らなかつたのです。だから私の妻《さい》に詫《あや》まるのは、自分に詫《あや》まるのと詰《つま》り同じ事《こと》になるのです。（一〇七・二九〇頁十二行目）（「になる」の下は「な」）（ダカラ）

69 さうして妻《さい》を不幸な女だと思ひました。又不幸な女だと口《くち》へ出《だ》しても云ひました。（一〇八・二九二頁十二行目）（マタ）

69 死んだ積《つもり》で生《い》きて行かうと決心した私の心《こゝろ》は、時々《とき〲》外界の刺戟で躍《をど》り上《あ》がりました。然し私が何《ど》の方面かへ切《き》つて出《で》やうと思《おも》ひ立《た》つや否や、恐《おそ》ろしい力《ちから》が何處《どこ》からか出《で》て来《き》て、私の心《こゝろ》をぐいと握《にぎ》り締《し》めて少《すこ》しも動《うご》けないやうにするのです。さうして其力《ちから》が私に御前《まへ》は何《なに》をする資格もない男だと抑え付けるやうに云つて聞《き》かせます。すると私は其一言《そのいちげん》で直《すぐ》ぐたりと萎《しほ》れて仕舞ひます。（一〇九・二九四頁十四行目）（シカシ・ソウシテ・スルト）

70 秋《あき》が去《さ》つて、冬《ふゆ》が来《き》て、其冬《ふゆ》が盡《つ》きても、屹度會《あ》ふ積《つもり》でゐたのです。すると夏《なつ》の暑《あつ》い盛《さか》りに明治天皇が崩御になりました。（一〇九・二九七頁一行目）（スルト）

2においては、もともとの表現では、「だから貴方《あなた》の来《き》て下《くだ》さる事《こと》を喜《よろ》こんでゐます。」の「ダカラ」が次の「何故《なぜ》さう度々《たび〲》来るのかと云つて聞《き》いたのです」にもかかっていたが、「ダカラ」を挿入することによって、「ダカラ～ダカラ～」と反覆することによって、文章にリズムが生まれている。

改めていうまでもなく、副助詞は「主として連用語に付いて文内容を数量・範囲・程度の面から限定する」（二〇〇一年、明治書院刊『日本語文法大辞典』六八七頁下段）働きをもっている。副助詞を後から加えるということは、限定がない、いわば「プレーンな」文をまず書いて、それに限定という面から「肉付け」をして文を整えていく、ということに他ならない。文の整え方の一つのかたちといえよう。

そして、これも改めていうまでもないが、接続詞は「先行する表現（前件）の内容を受けて後行する表現（後件）に関係づけながら接続する」（同前三八七頁上段）働きをもつ。接続詞が後から加えられるということは、もともとは(濃密に)関係づけられていなかった文と文とが後から、何らかの関係を附与されたということになる。表現上は、大きな「手入れ」といってもよい。また接続詞が削除されるということは、濃密な関係を後から解消したということといえよう。接続詞の変更は関係の変更ということになり、いずれも大きな「手入れ」といえよう。こうしたことが文学研究の上で問題になることはあまりなさそうであるが、そもそもの表現がどのように変えられていくか、ということはさまざまなことがらに関わっているると思われる。

[XトYト]

「先生の遺書(三)」に「さうして強い太陽の光《ひかり》が、眼《め》の届《とど》く限《かぎ》り水と山とを照《て》らしてゐた」(九頁一行目)という行りがある。この「水と山とを」の後ろの「と」は挿入されているので、いったんは「水と山を」と書かれたことがわかる。並立する対象を指定する格助詞「ト」は「XトYト」という形式をとることによって、並立されているのが「X」「Y」であることを示していたが、次第に後ろの「ト」が省かれるようになった。これは明治期に、そうなったということではなく、室町期頃にはそのような「XトY」という形式がみられる。例えば、『エソポのファブラス』のタイトルをみると、「せみと、ありとのこと」や「獅子王と、くまとのこと」、「うまと、驢馬とのこと」などでは「XトYト」という形式が使われている。その一方で、「とりと、けだもののこと」「パストルとおおかめのこと」「はとと、ありのこと」「にわとりと、下女のこと」など「XトY」の形式がむしろ多数みられる。このことからすれば、明治期においては、「XトY」の形式が支配的であったかと思われるが、漱石はいわばわざわざ旧形式に修正をしたことになる。旧形式といっても、「XトYト」がそもそもの形式であることはすぐにわかることであり、仮に「XトYト」がほとんど使われなくなっていたとしても、その形式を選択することは可能であろう。そして、漱石が「XトYト」という形式のみを使っているわけではない。例えば先に引いた行りの少し前には「私はすぐ腰掛の下へ首と手を突つ込んで眼鏡を拾ひ出した」（八頁十二行目）（振仮名は省いた）[註6]とあり、「首と手とを」ではなくて「首と手を」というかたちが採られている。そして、「先生の遺書（四）」の「私は往来で学生の顔を見るたびに新しい学年に対する希望と緊張とを感じた」（十二頁二行目）においても同様に、いったんは「希望と緊張を」と書いてから「と」を挿入して「希望と緊張とを」という形式に修正している。その一方で、「先生と遺書（六）」においては、「墓参と私には墓参《ぼさん》と散歩との区別が殆ど無意味のやうに思はれたのである」（十八頁十一行目）においては、「實際散歩との」という形式を使っており、ここには修正はみられない。

あるいは「先生の遺書（十）」においては「けれども先生の態度の真面目《まじめ》であつたのと、調子の沈《しづ》んでゐたのとは、今《いま》だに記憶に残つてゐる」（二十九頁二行目）とあり、いったん「先生の態度の真面目《まじめ》であつたのと、調子の沈《しづ》んでゐたのは」と書いてから、「と」を挿入している。

「先生の遺書（四十二）」に「迂闊な父《ちゝ》や母《はゝ》は、不相当な地位と収入とを卒業したての私から期待《たい》してゐるらしかつたのである」（二一八頁十三行目）[註7]という行りがある。ここはいったん「不相当な収入を」と書いてから、「地位と」を挿入し、それに（おそらく）合わせて「収入」の後ろに「と」を挿入したと思われる。「と」は明らかに挿入のかたちをとっている。漱石はどちらかといえば「XトYト」という形式を使う傾向にあったといえよう。

第二節　稿本『言海』

大槻文彦の編んだ『言海』は明治二十四年に完結する。この『言海』の稿本が宮城県図書館に蔵されており、昭和五十四（一九七九）年に大修館書店から複製が刊行されている。本書では、この複製を『言海』稿本として使用し、稿本と印刷出版された『言海』（以下、本節内においては刊本『言海』あるいは単に刊本と呼ぶことがある）との対照を試みることにする。

稿本には多くの「手入れ」がなされている。例えば、稿本は「あかしだま（名）－明石玉－玉ヲ美《ホ》メタル稱」という見出し項目を抹消している。そして実際に刊本にはこの見出し項目はみえない。その一方で稿本の上部欄外に書かれている見出し項目が刊本に見出し項目として採られている場合がある。例えば「あき（名）あかにしノ古名」という見出し項目（と思われる記述）が稿本の上部欄外にみられるが、刊本にはこのとおりの見出し項目がみられる。したがって、見出し項目の取捨選択も印刷直前まで行なわれていたことが窺われる。

『言海』は「凡例」の「卅八」において見出し項目の「下ニ、直ニ標出セル漢字ハ、雅俗ヲ論ゼズ、普通用ノモノヲ出セリ」と述べ、見出し項目直下に、当時（とみるのがもっとも自然であるが）「普通用」として見出し項目となっている語にあてられていた漢字列を掲出する。この見出し項目直下の漢字列に変更が加えられている例が散見するので、次にそれを例示する。

		変更後の漢字列	刊本の状況
1	あだうち－仇打－	－仇討－	－仇討－
2	あつけ－熱氣－	抹消	漢字列ナシ
3	あてぶみ－宛文－	－充文－	－充文－
4	あひあか－間紅－	－間赤－	－間赤－
5	あひじるし－合標－	－合印－	－合印－

6	7	8	9	10	11	12	13	14	15	16	17	18	19	20	21	22	23	24	25	26
あぶらゑ －油画－	あまをとめ－海乙女－	あみ －海糖－	あみそ －網床－	あんさつ －接察－	あめうじ －飴牛－	あゆ －肖－	あらしこ －粗飽－	いうきたい－有機体－	いしぐら －石藏－	いたづらね－徒寢－	いたびさし－板広－	いとすぢ －縷－	いとわく －絲框－	いぬく －射抜－	いひずし －飯醋－	いひふるす－言古－	いぶし －燻－	いましめ －戒－	いりつけ －煎付－	いりなべ －熬鍋－
－油畫－	－海少女－	抹消	－網麻－	－按察－	－黄牛－	抹消	－粗鉋－	－有機體－	－石倉－	－徒寐－	－板庇－	－絲筋－	－絲篗－	－射貫－	－飯鮓－	－言舊－	－燻－	－戒－警－	抹消	－煎鍋－
－油畫－ 漢字字体	－海少女－	漢字列ナシ	－網麻－ 漢字間違い	－按察－	あめうし－飴牛－	漢字列ナシ	－粗鉋－ 漢字間違い	－有機體－ 漢字字体	－石倉－	－徒寐－	－板庇－	－絲筋－ 縷 漢通用字	－絲篗－	－射貫－	－飯鮓－	－言舊－ 漢字字体	－燻－	－戒－警－	漢字列ナシ	－煎鍋－

27	いるか −海豚−江豚−	江豚削除	−海豚−
28	うはのそら−上天−	−上空−	−上空−
29	うんしうみかん−雲州蜜柑−	−温州蜜柑−	−雲州蜜柑− 不一致
30	うゑきバチ−樹木鉢−	−植木鉢−	−植木鉢−
31	うゑじに −飢死−	−餓死−	−餓死−
32	えいげふ −榮業−	−營業−	−營業− 漢字間違い
33	えだがみ −枝神−	−支神−	−支神−
34	えびがに −海老蟹−	−蝦蟹−	−蝦蟹−
35	おかす −犯−	−犯−侵−	−犯−侵−
36	おとしあな−落穴−	−穽−	−穽−
37	おもひご −愛子−	−思子−	−思子−
38	おもひのほかに−以外−	−思外−	−思外−
39	おもほでり−慍色−	抹消	漢字列ナシ
40	おもんぱかる−虚−	−慮−	−慮−
41	かかりあひ−懸合−	−掛合−	−掛合−
42	かくれみち−隠路−	−間道−	−間道−
43	かたはらぼね−傍骨−	抹消	漢字列ナシ
44	かなさび −金錆−	抹消	漢字列ナシ
45	かはべ −川邊−	−河邊−	−河邊−
46	かひ −詮−甲斐−	甲斐を抹消	−詮−
47	かへさま −返様−	−反様−	−反様−

48	かほ －顔－	抹消	漢字列ナシ
49	かま －竈－	－竈－	漢字字体
50	かめ －甕－	－瓶－甕－	－瓶－甕－
51	からがら －辛辛－	抹消	漢字列ナシ
52	からふね －唐船－	抹消	漢字列ナシ
53	からむぎ 漢字列ナシ	－殼麥－	－殼麥－
54	かりがね －雁－雁音－	雁抹消	－雁音－
55	かりのこ －鴨子－	抹消	漢字列ナシ
56	かれいひ －餉－	抹消	漢字列ナシ
57	きいと －生絹－	－生絲－	－生絲－
58	きいろ 漢字列ナシ	－黄色－	－黄色－
59	きうりがく －究理學－	－窮理學－	－窮理學－
60	きからすうり －黄鳥瓜－	－黄烏瓜－	－黄烏瓜－ 漢字間違い
61	きこにち －帰忌日－	－歸忌日－	－歸忌日－ 漢字字体
62	きこる －木伐－	－樵－	－樵－
63	きび －気味－	抹消	漢字列ナシ
64	きまづし －氣悪－	抹消	漢字列ナシ
65	きやはん －脚絆－	－脚絆－脚半－	－脚絆－脚半－
66	きりくひ －伐材－	－伐杭－	－伐杭－
67	きりこまざく －切細裂－	抹消	語源に変更
68	きれま －斷間－	－切間－	－切間－

69	くさざうし－草雙紙－	－草草紙－	－草草紙－
70	くさり－鏁－鎖－	－鏈－鏁－鎖－	－鏈－鏁－鎖－
71	くだり－領－	抹消	漢字列ナシ　漢通用字に領
72	くちもと－口本－	－口元－	－口元－
73	くわうげん－荒言－	－廣言－荒言－	－廣言－荒言－
74	ぐわさ－画叉－	－畫叉－	－畫叉－　漢字字体
75	けいさい－継妻－	－繼妻－	－繼妻－　漢字字体
76	けさう－假装－	－假粧－	－假粧－
77	こくらん－國乱－	－國亂－	－國亂－　漢字字体
78	こごめ－小米－	－粉米－	－粉米－
79	こころざま－心體－	－心状－	－心状－
80	ことかた－別所－	－異方－	－異方－
81	ことざまし－事覚－	－事醒－	－事醒－
82	このかた－以來－	－此方－	－此方－
83	このみち－木道－	抹消	漢字列ナシ
84	このみちのたくみ－木道工－	抹消	漢字列ナシ
85	こぼる　漢字列ナシ	－零－溢－	－零－溢－
86	ごましほ－胡麻塩－	－胡麻鹽－	－胡麻鹽－　漢字字体
87	さかさまつげ－逆睫－	－倒睫－	－倒睫－
88	さかばた－酒旗－酒旆－	酒旆削除	－酒旗－
89	さきつころ－先頃－	抹消	漢字列ナシ

90	さきつとし－先年－	抹消	漢字列ナシ
91	さくらんばう－櫻坊－	抹消	漢字列ナシ
92	ささぐも　－細蜘蛛－	－小蜘蛛－	－小蜘蛛－
93	ささぐり　－細栗－	－小栗－	－小栗－
94	ささはら　－篠原－	－笹原－	－笹原－
95	さつきのたま－五月玉－	－早月玉－	－早月玉－
96	さつきやみ－五月闇－	－早月闇－	－早月闇－
97	さておく　－扠置－	抹消	漢字列ナシ
98	さてさて　－扠扠－	抹消	漢字列ナシ
99	さはさはと　漢字列ナシ	－爽－	－爽－
100	さらち　－空地－	－更地－	－更地－　漢通用字・空地
101	さらひ　－復習－	抹消	漢字列ナシ　漢通用字・復習
102	じがばち－似我蜂－	抹消	漢字列ナシ
103	しじゆく－私熟－	－私塾－	－私塾－　漢字間違い
104	したひば－直葉－	抹消	漢字列ナシ
105	じつけん－實檢－	－實驗－	－實驗－　漢字入れ替え
106	しの－篠－細竹－小竹－	細竹　小竹抹消	－篠－
107	しめかす－締滓－	－搾滓－	－搾滓－
108	しめて　－〆－	－締－	－締－
109	しもつかた－下民－	－下方－	－下方－
110	しやうよ－稱譽－常譽－	常→賞	－稱譽－賞譽－

111	じよ　－爾餘‖－自餘‖－	－自餘‖－爾餘‖－	順序入れ替え
112	しりたぶら－尻片｜－	抹消	漢字列ナシ
113	しるす－記‖－書‖－誌‖－録‖－	録抹消	－記‖－書‖－誌‖－
114	しろあと　－城跡‖－	－城趾‖－	－城趾‖－
115	すぐやり　－直鑓｜－	－直鎗｜－	－直鎗｜－
116	すてうり　－棄賣｜－	－捨賣｜－	－捨賣｜－
117	そらだき　－空薫｜－	空焼	－空焼｜－
118	たから　－寶‖－財‖－貨‖－	財　貨抹消	－寶‖－
119	たすけ　－扶‖－	救　助追加	－助‖－扶‖－
120	たつ　－絶‖－斷‖－	裁追加	－絶‖－斷‖－裁‖－
121	たますり－玉磨‖－	玉工	－玉工‖－
122	たまひ　－嘔吐‖－	歐吐	－歐吐‖－
123	ためしぎり－試切｜－	試斬	－試斬｜－
124	たを　－峠｜－	抹消	漢字列ナシ　上部欄外　垰
125	チヤウチン－提燈｜－挑燈｜－	挑燈抹消	－提燈｜－
126	つつかひ　－突支｜－	抹消	漢字列ナシ
127	つつみガワラ－堤瓦｜－	－疏瓦‖－	－疏瓦‖－
128	つばきむし－唾蟲｜－	抹消	漢字列ナシ
129	つぼいり　－壺熬｜－	－壺煎｜－	－壺煎｜－
130	つみほろぼし－罪滅‖－	－滅罪‖－	－滅罪‖－
131	てくび　－手首｜－	－手頸｜－	－手頸｜－

132	てぐるま －手車｜－	－輦‖－	－輦‖－
133	どうよく －胴欲｜－	抹消	漢字列ナシ
134	とめかは －止川｜－	－留川｜－	－留川｜－
135	とめば －止場｜－	－留場｜－	－留場｜－
136	とめばり －止針｜－	－留針｜－	－留針｜－
137	とめやま －止山｜－	－留山｜－	－留山｜－
138	とらんでん －團乱旋｜－	－團亂旋｜－	とらでん －團亂旋｜－
139	なかざし －中指｜－	－中差｜－	－中差｜－
140	なかぞら －半空‖－半天‖－	半天削除	－半空‖－半天‖－
141	ながづかへ －長上‖－長仕｜－	長上削除	－長仕｜－
142	なげかし －歎‖－	－可歎‖－	－可歎‖－
143	なげかはし －歎‖－	－可歎‖－	－可歎‖－
144	なだいめん －名對面｜－	名謁追加	－名對面｜－名謁｜－
145	なだる －頽｜－	－傾‖－	－傾‖－
146	にぎて 漢字列ナシ	－幣‖－	－幣‖－
147	にごひ 漢字列ナシ	－白魚‖－	－白魚‖－
148	にしん －二心‖－	－貳心‖－	－貳心‖－
149	にはとこ 漢字列ナシ	－接骨木‖－	－接骨木‖－
150	ぬけがら －脱穀｜－	－抜殻｜－	－抜殻｜－
151	ぬけじ －脱字‖－	－抜字｜－	－抜字｜－
152	ぬるむ 漢字列ナシ	－微温‖－	－微温‖－ 漢通用字から微温削除

153	ねおびる	－恍惚‖－	－寐惚‖－	－寐惚‖－
154	ねぐら	－鳥栖‖－	抹消	漢字列ナシ　漢通用字・鳥栖
155	のたれじに	漢字列ナシ	－倒死‖－	－倒死‖－
156	のどかに	－和|－	抹消	漢字列ナシ
157	のどに	－和|－	抹消	漢字列ナシ
158	のどのどと	－悠悠‖－	抹消	漢字列ナシ
159	のろまにんぎやう	－野呂間人形|－	－野呂松人形‖－	－野呂松人形‖－
160	はぐ	漢字列ナシ	－矧‖－	－矧‖－
161	はしりうま	－走馬‖－	－奔馬‖－	－奔馬‖－
162	はちく	－葉竹‖－	－淡竹‖－	－淡竹‖－
163	はぢらふ	－羞‖－	－羞澁‖－	－羞澁‖－
164	はないけ	－花生‖－	－花瓶‖－	－花瓶‖－
165	はなびら	－花片‖－	－花瓣‖－	－花瓣‖－
166	はば	－巾|－	－幅|－追加	－幅|－巾|－
167	はばむ	－沮‖－X‖－難‖－	－阻‖－難‖－	－阻‖－難‖－　Xは判読不能
168	はふ	－破風|－	－搏風‖－	－搏風‖－
169	はへとりむし	－蠅取蟲‖－	－蠅捕蟲‖－	－蠅捕蟲‖－
170	はやし	－早‖－夙‖－	－夙‖－抹消	－早‖－
171	はやす	－映|－	－稱揚‖－	－稱揚‖－
172	ひかげ	－日影‖－	－日景‖－	－日景‖－
173	ひそやかに	－窃‖－密‖－	削除	－窃‖－竊‖－密‖－

174	ひたき	－炬火－	－火焼－	－火焼－
175	ひたきや	－炬火屋－	－火焼屋－	－火焼屋－
176	ひへぎ	－引倍木－	－引折－	－引折－
177	ひめつばき	－女貞－姫椿－	女貞削除	－姫椿－
178	ひやくまんべん	－百万遍－	－百萬遍－	－百萬遍－ 漢字字体
179	ふち	－斑－	－斑－駁－	－斑－駁－
180	ふなだま	－船玉－	－船靈－	－船靈－
181	ふみや	－書屋－	－文屋－	－文屋－
182	ふろく	－不準－	削除	漢字列ナシ
183	へそ	－綣－	－巻子－	－巻子－
184	へひりむし	－屁放蟲－	削除	漢字列ナシ
185	ほきぢ	－岸險－	削除	漢字列ナシ
186	ほじし	－乾肉－脯－脩－	乾肉削除	－脯－脩－
187	ほど	－程－所－許－	－所－許－削除	－程－
188	まかなひ	－擬－	削除	漢字列ナシ
189	まがまがし	－禍禍－	削除	漢字列ナシ
190	まがりもち	－勾餅－糫餅－	－糫餅－削除	－勾餅－
191	まくらもと	－枕元－	－枕許－	－枕許－
192	まさか	－眼前－	－目前－	－目前－
193	ませがき	－間塞垣－	削除	漢字列ナシ
194	またぐら	－胯－	削除	漢字列ナシ

195	まひぎね　－廻杵－	－舞杵－	－舞杵－
196	ままよ　－儘－	削除	漢字列ナシ
197	まるえり　－丸襟－	－圓襟－	－圓襟－
198	まるおび　－丸帯－	－全帯－	－全帯－
199	まろね　－丸寐－	削除	漢字列ナシ
200	まをとこ　－間夫－	－間男－	－間男－
201	みかげ　－御蔭－	－御影－	－御影－
202	みがほし　－見欲－	削除	漢字列ナシ
203	みせもの　－見物－	－見世物－	－見世物－
204	みちゆきうら－路行占－	－道行占－	－道行占－
205	みづき　－若木－	－稚木－	－稚木－
206	みづこ　－水子－	－稚子－嬰孩－	－稚子－嬰孩－
207	みなわ　－水沫－	－水泡－	－水泡－
208	みのたけ　－身丈－	－身長－	－身長－
209	みぶるひ　－身震－	－身振－	－身振－
210	みやま　－眞山－	－深山－	－深山－
211	むしあを－虫襖－	－蟲襖－	－蟲襖－
212	むすこ　－息子－	－息－	－息－
213	もしほ　－藻鹽－	－藻汐－	－藻汐－
214	もたす　－靠托－	削除	漢字列ナシ
215	もたる　－凭－靠－	削除	漢字列ナシ

216	もたる　－食滞‖－	削除	漢字列ナシ　食滞・漢通用字
217	もちやすびもの　－玩具‖－	削除	漢字列ナシ　玩具・漢通用字
218	もぢり　－捩‖－	－錑‖－	－錑‖－
219	もつけのさいはひ－僥倖‖－	削除	漢字列ナシ　僥倖・漢通用字
220	ものぐさし　－懶‖－惰‖－	削除	漢字列ナシ　懶・漢通用字
221	ものはみ　－嗉‖－	削除	漢字列ナシ
222	もみ　－鼴鼠‖－	削除	漢字列ナシ
223	やせこける－瘦悴‖－	削除	漢字列ナシ　憔悴・漢通用字
224	やなあさつて　－明明後日‖－	削除	漢字列ナシ
225	やには　－矢庭‖－	－矢場‖－	－矢場‖－
226	やまかがち－蟒蛇‖－	削除	漢字列ナシ　蟒蛇・漢通用字
227	やますげ　－山菅‖－	削除	漢字列ナシ
228	やんま　－蜻蛉‖－	削除	漢字列ナシ　蜻蛉・漢通用字
229	やるせなし－無遣瀬‖－	削除	漢字列ナシ
230	ゆとり　－戽‖－	削除	漢字列ナシ
231	ゆばりぶくろ　－尿袋‖－	削除	漢字列ナシ
232	ゆふつづ　－夕星‖－長庚‖－	夕星削除	－長庚‖－
233	よばひぼし－流星‖－	削除	漢字列ナシ
234	よふかし　－夜深‖－	削除	漢字列ナシ
235	わきばさむ－脇挟‖－	－掖‖－	－掖‖－
236	わきみ　－脇見‖－	－傍視‖－	－傍視‖－

237	わらふ ―笑‖―	―笑‖―嗤‖―哂‖―	―笑‖―嗤‖―哂‖―
238	ゐで ―堰手｜―	―井手｜―	―井手｜―
239	ゑかき ―画書｜―	―繪書｜―	―繪書｜―
240	ゑざう ―繪像‖―	―畫像‖―	―畫像‖― 畫像を漢通用字から削除
241	ゑふで ―繪筆‖―	―畫筆‖―	―畫筆‖― 畫筆を漢通用字から削除
242	をきむし ―招蟲｜―	―尺蠖‖―	―尺蠖‖―
243	をさめ ―治‖―	―納｜―	―納｜―
244	をふと ―夫‖―	削除	漢字列ナシ

同じような例を繰り返し掲げることは避けたので、右の例がすべてではないが、おおむね示したと考える。右には、稿本において、見出し項目直下の漢字列に何らかの修正が施されている例を一括して掲げたが、その修正の理由はさまざまであることが推測される。したがって、ここで一つ一つの例について、修正の理由を推測していくことは控えるが、例11のように、修正が印刷に反映されていないケースもいくつかはみられる。漢字列の右側に一本線を施したものは、「和用」、二本線を施したものは「和漢通用」で、語釈末に『言海』において(二重傍線を施されて)置かれたものは「漢用＝漢の通用字」にあたる。そして見出し項目直下には「普通用」の漢字列を置くことが謳われているのだから、例151であれば、当初は和漢通用の「脱字」を「普通用」として掲げ、それを「和用」の「抜字」に変えたことになる。

印刷出版された『言海』はいわば「固定されたテキスト」であるので、それを検する場合は、それが明治期の日本語の「静的な姿」であると映る。そのこと自体は当然のことでもあり、またそう捉えるしかないが、右のように稿本を視野に入れ、「稿本→印刷出版形」という推移をみると、明治期の日本語の、いわば「動的な姿」あるいは、「揺れ」が看取されるようになると考える。印刷間際まで、「普通用」の漢字列の選択が「揺れる」ということは、先行する何らかの辞書体資料の漢字列をそのまま引き継ぐといったようなことではなく、そこに「判断」が働いているとみるのが自然であろう。当該時期に使われているいずれの漢字列が「普通用」かということは、定量的な調査を背景にしなければ、判断しにくいことが推測される。その「判断のしにくさ」が「揺れ」となって現われたものと考える。

右で注目しておきたいのは、例219のようなケースである。例219では、見出し項目「モッケノサイワイ」に、漢語「ギョウコウ(僥倖)」に使う漢語漢字列「僥倖」を「普通用」の漢字列としていったんは示した。しかしそれを削除して、刊本においては「普通用」の漢字列を示すことをしていない。そして、削除された漢字列「僥倖」は語釈末に、「漢用」の漢字列として置かれている。語釈末の「漢用」漢字列がどのような意味合いでそこに置かれているかについては、いまだ明白ではない。

荒尾禎秀は平成二十二・二十三年度清泉女子大学教育研究助成金による報告書「日本語の漢字表記の総合的研究『言海』データベース」において、次のように述べている。

以上述べたように、『言海』の「漢ノ通用字」はその三分の一ほどが『雑字類編』の漢字表記の語と一致し、さらに今は具体的には数字を示せないが『雑字類編』とは違った位相で現代漢語に連続しているような新しい漢字表記の語がいかほどかの割合であり、さらに二割ほどは単漢字である。このような群が集まって「漢ノ通用字」はできており、いまだ述べていない塊がなおいくつかあるかと思われる。『言海』の「漢ノ通用字」の内実は単純単一ではなく、このようにいくつかの性格の違う群からできているものと考えられる。『雑字類編』あるいはその類の字書は、所収語をそのひとつの群に提供しているのであろう(十五頁)。

右のことと関わりながら、拙書『『言海』と明治の日本語』(二〇一三年、港の人刊)において「「漢用字」は「字」とはいいながら、実際は、見出し項目となっている語と語義が重なる中国語(を書く漢字列)であると考える」(一五五頁)と述べた。丸括弧をはずせば「見出し項目となっている語と語義が重なる中国語を書く漢字列」ということになり、そうであれば、見出し項目を書くこともできなくはない。印刷出版された「静的な」『言海』テキストをみている限りは、見出し項目直下に「普通用」として掲げられた漢字列と、語釈末に置かれた「漢用字」との間には隔たりがある。しかし、いったんは見出し項目直下に置かれた「普通用」の漢字列が抹消されて、「漢用字」として語釈末に置かれているという「プロセス」をみると、両漢字列が「隣接」している場合があることがわかる。そして、そうみることによって、印刷出版された『言海』を絶対視するのではなく、幾分かゆとりのある枠組みの中で、相対的にとらえるということが可能になるのではないだろうか。

おわりに

日本語学講座と銘打ったシリーズの最終巻にあたる本書においては、「言語の揺れ」をテーマとしながら、シリーズ全体の「まとめ」あるいは「補説」となることをも意識しながら言説を展開するように心がけた。

シリーズでは、「はなしことば」「書きことば」という二つの言語態があることを原理的に認め、その一方で、文献に基づく日本語分析を行なう「文献日本語学」の立場から、「書かれたことば」をすべての観察の起点とするという「方法」を貫いた。本書では、共時的には「室町時代」と「明治時代」とを採りあげ、その時代の日本語における「揺れ」を具体的な話題とした。稿者は、文献を「辞書体資料」と「非辞書体資料」とに分けて捉えているが、そうした観点もできる限り本書には採り入れた。そして、シリーズの第二巻から第八巻をほぼトレースしながら、「言語の揺れ」について多面的に論じていくことを心がけた。

シリーズ第一巻は、いわばシリーズの序章にあたるが、そうした意味合いにおいて、この第十巻は終章にあたる。本書の序章においては、「言語をどうとらえるか」というテーマを掲げ、言語学上どのように捉えるか、ということがらや、どのような「方法」を採ればとらえることができるかということがらについて述べた。

第一章は、シリーズの第二巻、三巻、七巻に対応し、幕末から明治にかけて成った非辞書体資料を採りあげ、テキスト間にみられる「揺れ」について述べた。

第二章は第四巻に対応し、「連合関係」と「揺れ」とのかかわりについて述べた。そもそも「連合関係」とは、何らかの意味合いにおける語と語との結びつきのことであるから、語Aには語Bのみが固定的に結びついているということはあろうが、語Aに、語Bと語Cとが結びついているということもあろうし、語Aと語Bとが固定的に結びつき、その語Bに語Cが結びついているということもあろう。こうした「かたち」を語A・B・Cが連合関係を形成しているとみなすこともできる。つまり連合関係は語と語との結びつきの「揺れ」を含むというみかたもできる。

第三章では辞書体資料である『節用集』にみられる「揺れ」を扱った。シリーズ第五巻に対応する。第四章では辞書体資料である『英和字彙』を採りあげ、その初版と再版との対照を行ない、明治期の辞書における「揺れ」を話題とした。シリーズ第六巻に対応する。第五章では、夏目漱石『心』の自筆原稿を丁寧に「よむ」ことによって、自筆原稿から観察できる「言語の揺れ」について話題とした。第八巻に対応する。本書にシリーズ全体の索引を附した。

■註

1 このことについては、これまでにあまり検討されてきていないと考える。どのような語と結びついているかが確定していない、さらにいえば、複数の語と結びつく可能性がある、漢字列が「本文」であるとすれば、それはまさしく「文字言語の独立」を意味する。

2 このようなことがらについて、『言海』の見出し項目「がくかう」と「がくもんしよ」とを例として、山田俊雄は次のように述べている。「がくかう」(学校)は和漢通用字である。「がくもんじょ」は和の通用字である。注の中に見えて＝の標をもつ「学校」はむしろ漢の通用字というべきであろう。「がくかう」と「がくもんじょ」には漢風と和風の差が見られる」(一九八三年、角川書店『詞林逍遙』十五頁)短い言説であるが含蓄に富む。

3 『日本国語大辞典』第二版は、三巻本『色葉字類抄』の記事を「反古　ホク　俗ホンコ」(第十一巻、一三八五頁、見出し項目「ほうぐ」の「語誌」欄)と翻字しており、「俗」は「ホンコ」にかかるものとみていると思われる。漢字列の下に添えられた「語釈」は二行にわたって、割注のような形式で記されていることが多い。一行のみの場合は、右側に書かれているところからしても、割注が二行に書かれている場合、右行から左行に続くとみることは自然である。しかし、「坊門　ハウモン俗」(波篇地儀部、巻上二十丁裏三行目)、「腫［ハル／スウ俗］」(波篇人躰部、巻上二十四丁表六行目)、「半熟［ハンスク俗／好□－－也］」(波篇雑物部、巻上二十六丁裏三行目)、「人蔘［ニンジン俗／俗乍參薬名］」(漢字列に差されている声点は、去声上声で、いずれも単点であるので、「ニンジン」という第三拍濁音形が「俗」と判断されたか)(仁篇植物部、巻上三十六丁表五行目)、「斑竹［ヘンチク俗］」(邊篇植物部、巻上五十丁表四行目)、「豹［ヘウ俗／一云ナカツカミ］」(邊篇動物部、巻上五十丁裏一行目)などの記事からすれば、「××俗」という記述形式の場合、「俗」は直前の「××」にかかっているとみるのが自然であると考える。したがって、ひとまず、記事そのものは「反古〔ホク俗／ホンコ〕」とみなすことにする。ただし、この箇所に何らかの事故がないかどうかは別途考える必要がある。

4 それはつまり、左右両振仮名が「堺本」独自、「堺本」特有の形式ではない、ということでもある。例えば「慶長十二年本」に「胎（ハラム）」とある見出し項目は、「堺本」には「胎（右ハラム／左ハラゴモリ）」とみえ、ここでも「堺本」が左右両振仮名の形式を採るが、「早稲田大学本」においては、「胎（右ハラム／字左下ハラゴモリ）」とあって、「堺本」と「早稲田大学本」とはほぼ同じ形式を採っている。

5 『心』の複製に添えられている「漱石自筆原稿「心」解説」（一九九三年）の末尾において石原千秋は「この「心」の原稿が、さらに新しい読みの枠組を誘い出すことを期待したい。なぜなら、ノイズに満ち満ちた原稿という本文《テクスト》は、これまでの活字テクストと読者とのリニアになりがちなかかわり方とは決定的に異なるかかわり方を要請するからである。その時、私たちは新しい「心」を手にすることになる」と述べている。稿者が自筆原稿を対象として観察しているのは、言語事象に限られているが、言語事象として自筆原稿に発露している「揺れ」はひいては、当該作品をめぐる作者の「揺れ」であり、「揺れ」は「可能性」でもあると考える。一つの語の交替によって、一文の意味が大きく変わるということは一般的に考えてもあり得ることで、石原千秋は「ノイズに満ち満ちた」という表現を使い、そうしたことをも表現していると推測するが、自筆原稿は「書かれる可能性があった作品」を「揺れ」として示唆することもあろう。例えば、「先生の遺書（八）」に「然し私はいつでも先生に付属した一部分の様な心持で奥さんに對してゐた。奥さんも自分の夫《おっと》の所へ来る書生だからといふ好意で、私を遇してゐたらしい」（二十二頁十二行目）という行りがある。この「自分」はいったん「先生」と書いてから、それを消して書かれている。おそらく、いったんは「奥さんも先生の所へ来る書生だからといふ好意で、私を遇してゐたらしい」と書こうとして、あるいは書いてから、これが会話ではないことから、「先生」ではなく、いわば客観性のある「自分の夫」という表現に変えたものと推測できる。そうであれば、それだけ、「奥さん」にとって、「自分の夫」の呼称は「先生」であるということが、作品を書き進めている漱石の内部でも固定的であったのではないか。つまり『心』は「先生」「奥さん」「私」「K」をめぐる作品という枠組みが強固であったと考えることができるのではないだろうか。あるいは「先生の遺書(二十一)」に「先生は奥さんを呼んで、必要の金額《きんがく》を私の前《まへ》に並《なら》べさせて呉れた。それを奥の茶簞笥か何かの抽出《ひきだし》から出して来《き》た奥さんは白い半紙の上へ鄭寧に重ねて、「そりや御心配ですね」と云つた」(六十頁二行目)という行りがある。「白い半紙の上へ」に続く箇所には「少し手垢《てあか》の付《つ》いた汚《きた》ない札を」といったんは書かれていて、それが抹消されて、右のようなかたちになっている。この「少し手垢《てあか》の付《つ》いた汚《きた》ない札を」という表現、「私」に渡される札が「手垢の付いた汚い札」であるという表現は何を意図して、いったん書かれていたのだろうか。これはすでに文学研究の課題とみえ、ここで論じることを超えているが、気にはなる。

6

『漱石全集』第九巻はこの箇所を「私はすぐ腰掛の下《した》へ首《くび》と手を突《つ》ッ込《こ》んで眼鏡《めがね》を拾《ひろ》ひ出《だ》した」と活字翻刻している。「突《つ》ッ込《こ》んで」の箇所は原稿にもそのようなかたちで書かれている。「ッ」はここでは促音をあらわしていると思われるが、この「ッ」は(形状はそうであるが)小書きされた片仮名の「ツ」と認めることができるのだろうか。そう認めると、例えば「然し先生が何処《どこ》にゐるかは未《ま》だ知らなかつた」(三・九頁九行目)の「知らなかつた」は「シラナカッタ」を書いたものであろうから、ここでは並み字の平仮名の「つ」を使って促音をあらわし、「突《つ》ッ込《こ》んで」では小書きした片仮名の「ツ」を使って促音をあらわしていることになり、促音を示すために、二つの形式を使っていることになる。

7

当該箇所『漱石全集』第九巻は「迂闊な」と活字翻刻しているが、自筆原稿にははっきりとさんずいがみえており、「迂潤な」とすべきではないか。

あとがき

就寝前の時間に、リラックスして落ち着いた気持ちで眠るために、録画しておいたテレビ番組を見たり、DVDを見たりすることがある。先日小津安二郎の『麦秋』を見た。これまでにも見たことはあったが、なんとなくまた見てみようという気持ちになった。

『麦秋』は一九五一年に松竹大船撮影所で製作された映画で、この年の十月三日に公開されている。初老にさしかかった植物学者の周吉（菅井一郎）としげ（東山千栄子）の長男で都内の病院に勤める医師間宮康一を笠智衆、その妻史子を三宅邦子が、長女で独身の紀子を原節子が演じ、紀子を中心に父と娘との関係や、結婚問題などが家族とのかかわりの中で描かれている。紀子は結局、戦争から帰ってこない間宮家の次男省二と高校から友人だった矢部謙吉（二本柳寛）と結婚をすることになるが、紀子と謙吉とが東京に向かう朝の北鎌倉駅のホームで会話を交わす場面がある。そこで、謙吉は「面白いですね『チボー家の人々』」と紀子に話しかける。紀子は「どこまでお読みになって」と言うが、謙吉は「四巻目の半分です」と答える。

実は稿者は北鎌倉で生まれ育っており、この場面で映されている北鎌倉駅のホームは記憶の中の風景にちかい。ホームの位置は今も変わっていないが、周囲の風景は当然のことながらかなり変わっている。稿者は一九五八年に生まれ、鎌倉市立の御成小学校に通ったので、一年生の時から電車通学をしていた。おそらく最初に『麦秋』を見た時は、北鎌倉駅に気をとられて、この『チボー家の人々』の会話が記憶に残っていなかった。調べてみると、山内義雄による『チボー家の人々』の翻訳が完結したのは、一九五二年の由。

一九八二年の『絶対安全剃刀』（白泉社）以来ずっと発表される作品を購入している高野文子の『黄色い本ジャック・チボーという名の友人』（一九九九年、講談社）の主人公の女学生実地子は『チボー家の人々』をゆっくりと読み進めていく。高野文子はこの作品で、第七回手塚治虫文化賞を受賞しているが、一九五七年生まれである。

紀子と謙吉との会話は、同時代の人が、文学作品によってつながっていることを示しており、高野文子の『黄色い本』は、文学作品が時を超えて読みつがれ、人を動かし、インスパイアすることを示しているといってしまうとかえって味気ないように感じる。

月に一回、新聞に『群像』（講談社）『文學界』（文藝春秋）『新潮』（新潮社）『すばる』（集英社）の広告が掲載される。手許に置いてゆっくり読みたい作品や記事がないかと一通りは広告に目を通すことが多い。掲載された文学作品が芥川賞の候補作品になったりすることもあって、この四誌に『文藝』（河出書房新社）を加えた五誌を「五大文芸誌」と呼ぶことがある。

少し前に稿者の勤務先を定年でお引きになった中古文学の研究者から、学生時代は、こうした文芸誌についていろいろと議論するのが当たり前だった、読んでいなければ話についていけないから、みんな何か読んでいた、というお話をうかがった。稿者よりも二十ほど年長なので、稿者の大学生時代とは隔たりがあるが、それでも、「ああ、そういう雰囲気はわかる」と思った。文学作品が、人を結びつける「求心力」をもっていた時代とでもいえばよいだろうか。文学作品をややひろく、「人文学的な知」といってもよいだろう。

二〇一五年四月七日の広告では、『群像』にはデビュー小説論として清水良典「山田詠美『ベッドタイムアイズ』」が、『文學界』には藤竜也の「北野武と大島渚、どちらが大監督か」が、『新潮』には滝口悠生の「ジミ・ヘンドリクス・エクスペリエンス」が、『すばる』には奥泉光＋いとうせいこうの「文芸漫談」「ナバコフ『ロリータ』を読む」が載せられている。こうした広告をみた時に、山田詠美や大島渚や「ジミヘン」を知らなければ、そしてナバコフの『ロリータ』を知らなければ、買ってみようという気持ちになりにくいのではないか。実際には、山田詠美の『ベッドタイムアイズ』を知らなくても充分に魅力的な「小説論」なのだろう。他の記事も、「原典」を知らなくてもよいようにつくられているだろう。しかし、それでも、知っているにこしたことはない。

小学校か中学校の遠足で箱根の彫刻の森美術館に行った記憶がある。それ以後も何回か訪れたことがある。彫刻の森美術館の英語の名称は「THE HAKONE OPEN-AIR MUSEUM」で、宣伝文句の中で「オープンエア」ということばが使われることが多い。行けばすぐにわかるが、七万平方メートルに及ぶという広大な敷地に野外彫刻が置かれている。この「オープンエア」ということばを時々思い浮かべることがある。

通常の美術館はその館が所蔵している作品を展示することもあるが、他の所蔵機関から作品をもってきて、何らかのテーマの展示をすることが多い。時代や時期に合ったテーマを企画して展示をするのだから、このやりかたは「行き詰まる」ことはないはずだ。彫刻の森美術館が行き詰まっているなどというつもりはまったくないので、誤解がないことを願うが、いつ行っても同じ彫刻が同じ場所に置かれているということを、この美術館を最初に考えた人はどうとらえたのだろうかと思う。そこには何らかの「覚悟」のようなものがあったのではないかなどとも思う。「永遠の普遍性」というような表現がその「覚悟」の何程かを言い表わしているかどうかも稿者にはわからない。しかし、「オープンエア」に置かれた彫刻作品はたしかに、小学生や中学生でもなんとなくにしても「わかった」ような気にさせてくれた。「オープンエア」に置かれることでわかることもあるだろうし、「オープンエア」に置かれることを意識してつくられたということもかかわっているかもしれない。

文学や人文的知というものが危機的な状況にあるといわれて久しい。本をほとんど読まない大学生が増え、一日の少なくない時間をスマートフォンと過ごす高校生が増えていく中でどうすればよいか、という表現、問いかけのしかた自体、陳腐ないいまわしであるが、「オープンエア」は一つのキーワードになるように思うことがある。明るい太陽光線のもとで、不特定多数の多くの目に繰り返しさらされる「覚悟」が求められているのかもしれない。「繰り返し」は時代を超えてということも含意するので、時代の好みに迎合していればよいということでもない。最近「研究者はみんな変人だ」ということばを耳にした。しかしそれは違うし、まして「変人であること」が研究者の条件であるはずもない。誰にでもわかることばで自身が明らかにしたことを語ることは今後よりいっそう求められるはずだし、自身が明らかにしたこともきちんとした位置づけとともに語る必要がある。それが研究における「オープンエア」ということではないだろうか。自身の明らかにしたことが日本語学という学の中で、どのような位置にあるか、そしてそれが日本語学という枠組みを超えて「野外＝オープンエア」に出た時にどのような位置にあるか、そういうことも語る必要があり、語ることができなければならないはずだ。

本巻をもって、「日本語学講座」全十巻が終了する。二〇一〇年の十一月に第一巻「書かれたことば」が刊行されてから、二〇一五年五月まで、四年半、短いようで長い時間、この講座に取り組んできた。終了してみると、最初のパンフレットに工藤力男氏が書いてくださった「五年も要せずに完結するだろう」というおことばどおりになった。工藤力男氏には折々、問題点や誤植の指摘などをしていただき、ありがたかった。改めて学恩に御礼を申し上げておきたい。その他、多くの方に同様のご指摘をいただき、また励ましのことばもたくさん頂戴した。今ここにお一人お一人のお名前をあげることは控えるが、そうした方々のご厚情、学恩にも感謝申し上げる。書けば書くほど、これから明らかにすべき点が増えていくということであって、一つとして終わったことはないという自覚がある。もう一度、全巻をゆっくりと読み直して、これからどの方向に踏み出せばよいかを確認したい。

一九九八年に出版された辻征夫（つじゆきお）の『萌えいづる若葉に対峙して』（思潮社）に収められた「萌いづ

る若葉に対峙して」は、「窓の外に林が見え樹木はいまいっせいに若葉を芽吹かせている」で始まり、「血まみれの抒情詩人がここにいて／抒情詩人はみんな血まみれえと／ほがらかに歌っているのですよ」で終わる。詩では、詩人が血まみれなのは、自転車で転んだからだとうたわれているが、そういうことではないだろう。血まみれになる「覚悟」がなければ抒情詩人になれないということだというと、先の稿者の言説に引きつけすぎていることになるが、そういう「覚悟」が研究者と呼ばれる人にも求められているように思う。この詩集の帯には、詩人の八木幹夫と井川博年との対話のようなかたちで、両者のことばが記されているが、そこでは八木幹夫が「いまをいかに生きるかを問う抒情詩人の傷だらけの人生だね」と述べ、井川博年が「彼は非常に正確に現実社会を見ている人だよ。萌えいづる若葉に対峙する血まみれの批評さ」と述べている。井川博年のことばを受けて八木幹夫は「完結し終ってしまうってことがない。やり残した宿題をずっともち続けているんですね」と述べている。

「日本語学講座」が完結しても、稿者のやるべきことが完結するわけではない。今日からまた、永遠に残るであろう「やり残した宿題」にとりかかることにしよう。

二〇一五年　若葉の季節に

今野真二

【ラ　行】

【ワ　行】

語句索引

【マ　行】

【ヤ　行】

【ラ　行】

【ワ　行】

【タ　行】

【ナ　行】

【ハ　行】

【サ　行】

事項名索引

【マ　行】

【ヤ　行】

【サ　行】

【カ　行】

【ワ　行】

人名索引

【ア　行】

【ハ　行】

【サ　行】

【カ　行】

作品名索引

【ア　行】

日本語学講座　**全10巻**　通巻索引

今野 真二（こんの しんじ）

［略　歴］
1958年　神奈川県鎌倉市生まれ
1986年　早稲田大学大学院文学研究科日本文学専攻博士課程（後期）退学
現　在　清泉女子大学教授

［著　書］
『仮名表記論攷』（清文堂出版，2001年）
『文献から読み解く日本語の歴史【鳥瞰虫瞰】』（笠間書院，2005年）
『消された漱石　明治の日本語の探し方』（笠間書院，2008年）
『振仮名の歴史』（集英社新書，2009年）
『大山祇神社連歌の国語学的研究』（清文堂出版，2009年）
『文献日本語学』（港の人，2009年）
『書かれたことば』（清文堂出版，2010年）
『二つのテキスト（上・下）』（清文堂出版，2011年）
『連合関係』（清文堂出版，2011年）
『漢語辞書論攷』（港の人，2011年）
『『節用集』研究入門』（清文堂出版，2012年）
『百年前の日本語』（岩波新書，2012年）
『ボール表紙本と明治の日本語』（港の人，2012年）
『明治期の辞書』（清文堂出版，2013年）
『正書法のない日本語』（岩波書店，2013年）
『ボール表紙本』（清文堂出版，2013年）
『漢字からみた日本語の歴史』（ちくまプリマー新書，2013年）
『常識では読めない漢字』（すばる舎，2013年）
『『言海』と明治の日本語』（港の人，2013年）
『かなづかいの歴史』（中公新書，2014年）
『日本語の近代』（ちくま新書，2014年）
『日本語のミッシング・リンク』（新潮選書，2014年）
『日本語の考古学』（岩波新書，2014年）
『「言海」を読む』（角川選書，2014年）
『辞書からみた日本語の歴史』（ちくまプリマー新書，2014年）
『自筆原稿』（清文堂出版，2014年）
『辞書をよむ』（平凡社新書，2014年）
『仮名の歴史』（清文堂出版，2014年）
『戦国の日本語』（河出ブックス，2015年）
『超明解！国語辞典』（文春新書，2015年）

言語の揺れ〈日本語学講座⑩〉

2015年 5 月31日　初版発行

著　者　今野 真二
発行者　前田 博雄
発行所　清文堂出版株式会社
〒542-0082 大阪市中央区島之内2-8-5
電話06-6211-6265　FAX06-6211-6492
http://www.seibundo-pb.co.jp
印刷：亜細亜印刷株式会社　製本：株式会社渋谷文泉閣
ISBN978-4-7924-1042-1 C3381